Nicolas Scheidtweiler, Michael Schütz (Herausgeber)

Ganz nah dran!

Das Beste aus den letzten fünf Jahren

Employer Branding-Blog

AF220098

Nicolas Scheidtweiler, Michael Schütz
(Herausgeber)

GANZ NAH DRAN!

**Das Beste aus den letzten fünf Jahren
Employer Branding-Blog**

FSC
www.fsc.org
MIX
Papier aus ver-
antwortungsvollen
Quellen
Paper from
responsible sources
FSC® C105338

Bibliografische Information der Deutschen Nationalbibliothek:
Die Deutsche Nationalbibliothek verzeichnet diese Publikation in der
Deutschen Nationalbibliografie; detaillierte bibliografische Daten sind im
Internet über http://dnb.dnb.de abrufbar.

© 2020 Nicolas Scheidtweiler, Michael Schütz (Herausgeber)

Mehr unter www.employer-branding-now.de

Bildnachweis (Titel): © katemangostar / Freepik

Herstellung und Verlag: BoD – Books on Demand, Norderstedt

ISBN: 978-3-7519-7175-1

Inhalt

Vorwort

Als wir uns 2013 entschieden haben, mit dem Employer Branding-Blog zu starten, war dieses Thema bei vielen Unternehmen noch nicht präsent. Es gab nur wenig Interessenten.

2015 änderte sich diese Situation. Der vormals von Beratungen und Politik thematisierte Fachkräftemangel trat in das Bewusstsein der Arbeitgeber. Der Bedarf an Informationen stieg.

Der vorliegende Band fasst die besten Essays, praktischen Tipps sowie Zusammenfassungen von Studien zum Employer Branding der letzten Jahre zusammen. Diese Auswahl ist unseres Erachtens für die Personalarbeit allgemeingültig.

Die Autorinnen und Autoren lassen dabei ihre subjektiven Sichtweisen auf Basis ihrer Erfahrungen aus der täglichen Arbeit in HR und Marketing zu. Die individuelle Tonalität und Schwerpunktsetzung macht die Texte abwechslungsreich und regt Leserinnen und Leser zum Nachdenken an.

Wir wünschen bei der Lektüre viel Spaß!

Nicolas Scheidtweiler   Michael Schütz

Mit Stereotypen im Recruiting gewinnen

Nicolas Scheidtweiler

Zuletzt hatte ich zwei bemerkenswerte Workshops mit zwei unterschiedlichen Branchen. Die eine Branche zeichnet sich durch einen überragenden Frauenanteil von über 90 Prozent aus. Die andere durch einen gewerblichen Bereich, der keine Frauen anzieht.

Aufwand für Wunschbewerber zu hoch

Für die Teilnehmer war es je nach Branche sehr einfach ihre herkömmliche Hauptbewerbergruppe im Bereich Azubis plastisch darzustellen und sehr konkret zu visualisieren. Es ging schnell, im Workshop der Dienstleister die passende Bewerberin nach Alter, Milieu, Interessen, Werten, Kommunikationsmitteln, selbst nach Hobbies und Lebenszielen etc. zu charakterisieren. Der Rückgriff erfolgte auf Eigenschaften der bestehenden Azubis.

Als wir dann über alternative Zielgruppen nachgedacht haben, um die verfügbare Masse an Bewerbern zu erhöhen, fiel es den Teilnehmer schwer, ein klares Bild zu zeichnen. In dem einen Berufsfeld bewerben sich nur 2 Prozent Männer für eine Ausbildung. Und es wurde interessant: Es gibt nicht den typischen männlichen Azubi in diesem Beruf. Während bei den Frauen ein Stereotyp überwiegt, gibt es bei Männern nichts, was eine Gruppe charakterisiert.

Es sind Individualisten, die den Mut haben, einen Beruf zu erlernen, der nicht typisch für ihr Geschlecht ist. Ihre Beweggründe sind schwierig zu katalogisieren. Unter umgekehrten Vorzeichen vollzog sich das Gleiche im Workshop über gewerbliche Azubis. Hier war das Bild über den „Mann" schnell klar. Aber bei der Erweiterung auf „Frauen" wurde es schwer. Auch hier spielt die Individualität eine größere Rolle.

Wenn ich an weibliche Zimmermänner denke, an Männer als Zimmermädchen, Frauen in der Müllabfuhr, Männer in Kindergärten. Es kostet immer Mut und erfordert ein hohes Maß an Unabhängigkeit, um den Schritt in den Beruf des „anderen Geschlechts" zu gehen.

Bedeutung für das Recruiting

Es geht in diesen Workshops um die Positionierung als Arbeitgeber, um attraktiver zu werden. Grundlage dafür sind die Identitäts- und Image-Analyse. Grob beschrieben: Aus dieser Analyse ergeben sich Lücken zwischen den vermuteten Bedürfnissen der Mitarbeiter und deren wirklichen Wünschen, Zielen und Lösungsstrategien für den Arbeitsalltag. Basis ist das wissenschaftliche Konzept narrativer Interviews (mehr dazu in diesem Interview).

Um aber festzulegen, ob und wie ein Unternehmen diese Lücken schließen will, sind zwei Blickwinkel notwendig: Zum einen den des Arbeitgebers mit der Fragestellung, was er bietet und wie er gesehen werden möchte. Zum anderen die Sicht der gewünschten Mitarbeiter- und Bewerbergruppen.

Fester Bestandteil dieser Workshops ist daher die Entwicklung von Candidate Personas, die durch den Arbeitgeber gebunden bzw. gewonnen werden sollen. Ausgangsbasis ist die Positionierung als Arbeitgeber mit den bestehenden Attraktivitätsfaktoren.

Attraktivitätsfaktoren des Arbeitgebers

Die erste Frage lautet, was ein Arbeitgeber seinen gewünschten Bewerbergruppen aktuell bietet und ihn aus seiner Sicht und Sicht der Mitarbeiter attraktiv macht.

Dazu zählen zunächst die klassischen Attraktivitätsfaktoren Benefits, Motivatoren, Organisation und Prozesse sowie die Führungskräfte. Diese fragt ein Analyst in einem Check-up mit Geschäftsleitung, HR und Marketing in Form eines strukturierten Fragebogens im Interviewgespräch ab. Ergänzend erfolgt ein Vergleich mit dem Wettbewerb am Arbeitsmarkt.

Zur Identität zählen darüber hinaus Werte und Kultur des Unternehmens. Diese lassen sich in Form narrativer Interviews mit den internen Experten aus HR und Marketing erheben. Ergänzt werden sie durch die qualitativen Zielstellungen im Employer Branding. In Addition zum Check-up erfolgt somit eine qualitative Erhebung, die der Erhebung innerer Logiken dient und Ursachen benennt.

Die Wünsche der Mitarbeiter

Diesen Ergebnissen der Identitäts-Analyse wird die Sicht der Mitarbeiter gegenübergestellt. Diese Sicht – das Image des Arbeitgebers – erheben Analysten ebenfalls qualitativ. Die Form narrativer Interviews mit ausgewählten Mitarbeitern, die der Wunschzielgruppe nahestehen, ist zwar aufwändiger, liefert jedoch klarere Befunde. So erhebt der Arbeitgeber Gründe für die Sichtweise und nicht nur die Symptome (wie durch einen klassischen Fragebogen).

Die HR-Abteilung erhält damit bessere Ansätze für die jetzt folgenden strategischen Überlegungen. Diese Ansätze ergeben sich aus Vergleich von Identität und Image. Denn daraus ergeben sich regelmäßig Lücken, sogenannte Gaps.

Daraus gilt es, die Ausrichtung des Arbeitgebers festzulegen. Sollen alle Wünsche und Bedürfnisse, die sich aus der Image-Analyse ergeben, erfüllt werden? Oder gibt es Bereiche, die nicht erfüllbar sind oder sogar die falschen Mitarbeitergruppen adressieren?

Candidate Persona festlegen

Um Klarheit zu bekommen erfolgt die konkrete Definition der Zielgruppen. In Form von Personas legen die Workshop-Teilnehmer sehr konkret fest, welche Eigenschaften die gewünschten Mitarbeiter haben. Dazu zählen unter anderem Alter, Geschlecht, Wohnort, Bildung, Hobbies, Interessen, Werte, Probleme etc.

Diese Methode ergibt ein klares Bild über die Bedürfnisse und Erwartungen der Zielgruppe, auf die die Anpassung der Attraktivitätsfaktoren und der Kommunikation hin erfolgt.

Denn auf der anderen Seite ergibt sich die Soll-Positionierung des Unternehmens. Diese trägt den ermittelten Gaps Rechnung. So steigert er die Attraktivität gegenüber den Wunschbewerbern und -mitarbeitern. Im besten Fall verliert er an Zuspruch und einem positiv besetzten Image bei nicht-gewollten Arbeitskräften. Damit steigt die Effizienz des Recruiting-Prozesses und die HR-Abteilung gewinnt Zeit für strategische Aufgaben.

Unternehmerischer Erfolg erfordert Stereotype

Unternehmerische Aufgabe ist es nicht, Menschen in nicht typische Berufe zu bringen. Im Gegensatz dazu geht es um Effizienz, notwendige Bedarfe mit den vorhandenen Ressourcen zu decken. Je atypischer die strategischen Vorgaben sind, z.B. seitens der Geschäftsführung, bestimmte Zielgruppen bevorzugt zu gewinnen, desto schwieriger wird es für das Recruiting. Entweder stellt das Management dann mehr Ressourcen für die HR-Abteilung zur Verfügung oder geht den Schritt zurück, die bekannten Zielgruppen zu gewinnen und nicht zu kleinteilig zu werden.

Nicht zuletzt geht es bei der Candidate Persona um Stereotype. Der Griff in die Schublade heißt dabei nicht, Bewerberinnen und Bewerber auszuschließen. Sondern besonders attraktiv auf definierte Menschen zu wirken, um die Zukunftsfähigkeit des Unternehmens zu sichern.

Diversity: Nur wertvoll mit klarem Ziel

Nicolas Scheidtweiler

Zunehmend fragen mich Kunden nach Trends im Diversity-Management und wie sie dieses Feld für das Employer Branding nutzen können. Basis sind die Meldungen aus Lobby- und Nicht-Lobby-Verbänden, die Diversity als das anzustrebende Ideal der Belegschaft in Unternehmen, Verbänden und Behörden bezeichnen.

Allerdings sind solche absoluten Zielbilder mit Vorsicht zu genießen. Denn nicht jede Aufgabe erfordert divers zusammengesetzte Gruppen und kann mithin schädlich zu deren Erfüllung sein.

Der Beitrag zeigt Chancen und Risiken im Diversity-Management auf.

Objektive und subjektive Diversity

Diversity ist vielschichtig und bekommt ja nach Betrachtung eine andere Bedeutung. Daher ist zunächst zu klären, was sich hinter diesem englischen Begriff verbirgt, für den es mit „Diversität" nur eine holprige deutsche Entsprechung gibt. Die Alternative „Vielfalt" ist treffender und findet sich in der deutschen Literatur wieder.

Eine Legaldefinition ergibt sich aus dem Allgemeinen Gleichbehandlungsgesetz (AGG). Hiernach betrifft Diversity die Nicht-Benachteiligung nach Geschlecht, Ethnie, Alter, Behinderung, sexuellen Orientierung und Religion.

Das ist kein abgeschlossener Katalog.

Bestimmte Werte, kulturelle Eigenschaften, die sexuelle Identität, Ehestand, Berufswege, Milieus, Bildungsstand, Wohnorte können weiterhin als Aspekte der Diversity aus Arbeitgebersicht genannt werden. Diese Aspekte können in objektive (klare äußerliche Merkmale) und subjektive (sozial-psychologische) Vielfalt unterteilt werden.

Chance Diversity

Die bundesweite Selbstverpflichtung „Charta der Vielfalt" setzt sich für einen vorurteilsfreien Umfang mit diesen objektiven und subjektiven Eigenschaften der Belegschaft ein und betont die Chancen: „Gelebte Vielfalt und Wertschätzung dieser Vielfalt hat eine positive Auswirkung auf die Gesellschaft in Deutschland."

Aus unternehmerischer Sich vereint Diversity im Rahmen von Teamaufgaben unterschiedliche Sichtweisen und Erfahrungen. Durch Ausdehnung der Blickwinkel kann es zu innovativeren Ergebnissen führen. Hermeneutisch betrachtet erweitert die Vielfalt der Positionen das gesamte Wissen des Teams.

Für geschäftliche Ziele, die interkulturelle Kompetenz erfordern, ist das vorhergehende Kennenlernen anderer Werte und Anschauungen innerhalb des Unternehmens ein sinnvolles Training.

Daneben kann ein Arbeitgeber durch ein aktives Diversity-Management als Teil der Identität ein positives Image nach außen tragen.

Risiko Diversity

Mit dem Absatz greife ich die zu Beginn erwähnte Bemerkung auf. Es geht in der Diversity zum einen um gesamtgesellschaftliche, zum anderen um betriebswirtschaftliche Fragestellungen. Und dort, das ist offen anzumerken, gibt es nicht immer Überschneidungen. Das, was politisch und sozial ein wünschenswertes Ziel ist, kann für ein Unternehmen schädlich sein.

Nicht jede unternehmerische Aufgabe lässt sich je nach Umfeld, Zielgruppe und Kontext durch zwanghaft diverse Teams durchführen. Die folgenden stereotypischen Pauschalisierungen sind bewusst gewählt, auch wenn ich mich sicher auf dünnes Eis begebe:

- Kommt es auf körperliche Herausforderungen an, können muskelbepackte, 1,80 Meter große Männer diese besser erfüllen als in der Regel körperlich schwächere Frauen.

- Entsendet ein Unternehmen Expats ins muslimische Ausland, sind heterosexuelle besser als homosexuelle Manager geeignet.

- Junge Menschen können sich besser als ältere Menschen in neue Kommunikationsinstrumente eindenken und finden kreativere Lösungen für den Einsatz moderner Technologien.

Zudem gibt es einen emotionalen Faktor: Heterogene Teams entwickeln unter Umständen Reibungspunkte, die die Arbeitsabläufe stören können. Beispiele sind der Hund im Büro oder bestimmte Gebetszeiten. Hier kommt es auch zu tieferliegenden Problemen im Sinne des Eisberg-Modells, die sich aus allgemeinen kulturellen, politischen oder gesellschaftlichen Einstellungen ergeben.

Homogene Teams, die keine Diskussionen um unterschiedliche religiöse, weltanschauliche, sexuelle, politische oder wie auch immer geartete Themen führen, fühlen sich miteinander wohler, teilen den Humor, übernehmen gegenseitig mit höherer Wahrscheinlichkeit Verantwortung und bauen stärkere soziale Bindungen auf.

Das unterstützt die Studie der University of California[1]:

Die Auswirkung verschiedener Nationalitäten haben Eliot Sherman und Jennifer Chatman untersucht – in einer äußerst heiklen Umgebung: im Himalaya. Sie stellten fest, dass internationale Bergsteiger-Gruppen zwar mehr Erfolg hatten und die Bergspitze eher erreichten als homogene Teams. Dafür kam es bei ihnen öfter zu Unfällen, was den Forschern zufolge daran liege, dass sie weniger kooperativ und hilfsbereit untereinander wären. Eric Kearney fasst es so zusammen: "Heterogene Teams sind die besten. Die schlechtesten sind sie aber auch."

---

[1] https://escholarship.org/uc/item/32h8f1kn (zuletzt abgerufen am 22.05.2020)

Diversity-Management heißt Führung

Entscheidet sich ein Unternehmen für eine bewusste Vielfalt, kommt es in der Umsetzung des Diversity-Management darauf an, dass Arbeitgeber und insbesondere die Führungskräfte die gemeinsamen grundlegenden Werte der diversen Belegschaft betonen. Gegenüber den objektiven Unterschiedlichkeiten (Hautfarbe, Geschlecht, Alter, Behinderung) ist ein eindeutiger Prozess, die Offenheit zu erweitern und Akzeptanz im gesamten Unternehmen zu schaffen.

Employee Benefits und individualisierte Talentmanagementprogramme helfen diverse Herausforderungen, die sich aus Familienstand, Wohnort, Bildungsniveau, Alter etc. zu lösen und so für Mitarbeiterinnen und Mitarbeiter attraktiv zu bleiben.

Schwieriger ist es, subjektive Unterschiede zu einen. Werte, Kultur, Religion haben tiefsitzende sozial-psychologische Auswirkungen. Diese lassen sich nicht einfach „wegregeln". Daher bedarf es bei Teams eines definierten, emotionalen und akzeptierten Zielbildes, um diese Unterschiede durch einen klaren Fokus zu relativieren. Jedes Teammitglied muss sich und seine Erfahrungen und Wissen frei einbringen können.

Diversity für Ziele nutzen

Diversity ist kein Wert an sich, es gibt insbesondere auf subjektiver Ebene Vor- und Nachteile. Strategie, Arbeitsaufgaben, Unternehmenskultur und Anforderungen an die Führung beeinflussen die Einsatzmöglichkeiten. Es gibt Risiken, die Arbeitgeber im Blick haben sollten.

Im Sinne einer Steigerung der Produktivität, Öffnung neuer Märkte und der Zukunftssicherung sollten Arbeitgeber den positiven Wirkungen der Diversity offen gegenüberstehen. Dazu zählt die unvoreingenommene Prüfung von Bewerbungen auf die Eignung und Fähigkeiten zur Erreichung der unternehmerischen Ziele, die Bereitstellung passender betrieblicher Sozialleistungen und Motivatoren.

Insgesamt gilt dann doch: Unternehmen sind Teil gesellschaftlicher Prozesse und tragen Verantwortung für gelebte Vielfalt.

Bedeutung der extrinsischen vs. intrinsischen Motivation bei Mitarbeitern

Nicolas Scheidtweiler

Die Motivierung von Mitarbeitern gehört zu den wichtigsten Aufgaben eines Unternehmens. Denn mit dieser steht und fällt der unternehmerische Erfolg. Eine Firma, in der ein gutes Betriebsklima herrscht und die Arbeitnehmer sich mit der Firma identifizieren und dem zufolge ihre Arbeit mit Engagement verrichten, ist produktiver als eine Firma, in der die Mitarbeiter, wenn überhaupt, nur Dienst nach Vorschrift machen.

Von daher gehört es zu den Aufgaben einer Firma, für eine hohe Mitarbeitermotivation zu sorgen. Diese Aufgaben werden primär durch die Führungskräfte geleistet. Worauf kommt es an?

Extrinsische vs. intrinsische Motivation

Die Motivation von Mitarbeitern setzt sich aus der extrinsischen und der intrinsischen Motivation zusammen. „Ex" bezieht sich auf etwas, was außerhalb eines Bezugspunktes liegt. „In" dagegen bezieht sich auf etwas, was innerhalb eines Bezugspunktes liegt.

Übertragen auf den Antrieb, so verrichtet ein nur extrinsisch motivierter Angestellter seine Arbeit nur aus Angst vor Strafen, drohender Entlassung und aus Gründen des Gehalts bzw. aufgrund von winkenden Zusatzleistungen bei besonders guter Arbeit. Ein intrinsisch motivierter Angestellter dagegen verrichtet seine Arbeit, weil er sich mit ihr und dem Unternehmen identifiziert.

Er verrichtet sie aus innerer Überzeugung heraus und weil die Arbeit ihm Freude macht. Er hat von sich aus den Willen, dem Unternehmen zu helfen und ist deswegen bei der Arbeit besonders engagiert. Außerdem macht er sich über seine eigentliche Arbeit hinaus Gedanken, welche grundlegenden Maßnahmen dem Unternehmen dabei helfen könnten, noch stärker als bisher zu reüssieren.

Warum intrinsische Motivation nachhaltiger ist

Die intrinsische Motivation von Mitarbeitern ist nachhaltiger als die extrinsische Motivation. Aus diesen Gründen gilt ein autoritärer Führungsstil als überholt. Dieser kann den Arbeitnehmer nicht nur von seiner Arbeit entfremden, sondern trägt auch zu einer inneren Verweigerungshaltung des Arbeitnehmers dabei.

Ein zusätzliches Engagement der Arbeiter für ihre Firma ist so nicht mehr zu erwarten. Bereits vor rund 100 Jahren haben Frederick Winslor Taylor und andere Sozialwissenschaftler in den USA durch Experimental- sowie Beobachtungsstudien herausgefunden, dass Arbeiter bei einem so genannten autoritativen Führungsstil produktiver arbeiten als bei einem autoritären Führungsstil. Dies hat schon damals in den USA zu einem Umdenken geführt, was die heutige Entwicklung in der Unternehmenskultur hin zu flachen Hierarchien quasi vorwegnahm.

Die Potentiale von Mitarbeitern zu entfalten

Um die intrinsische Motivation bei Mitarbeitern zu stärken, setzen erfolgreiche Unternehmen darauf, die Zufriedenheit der Arbeitnehmer in der Firma zu erhöhen. Ein Hebel dafür wäre eine Veränderung der Unternehmenskultur von einer Defizitorientierung zu einer Kompetenzorientierung. Diese Veränderung würde bewirken, dass Beschäftigte nicht mehr so stark durch negatives Feedback demotiviert werden würden. Stattdessen wären sie in dem Unternehmen eher in der Lage, ihre Stärken und Potentiale zu nutzen und für die Firma entfalten zu können.

Um diese Potentiale bei den Mitarbeitern zu erkennen, wären Schulungen hilfreich. So hat der erfolgreich geschulte Arbeitnehmer die Möglichkeit, nach dem Erkennen seiner Potentiale eine andere Arbeit für das Unternehmen zu erhalten, die seinen Neigungen, Fähigkeiten und Stärken mehr entgegenkommt.

Der charismatische Vorgesetzte

Ein anderer Hebel für eine größere Zufriedenheit der Beschäftigten in den Unternehmen wären Vorgesetzte, die nicht autoritär führen, sondern in etwa so, was Taylor und andere bereits vor 100 Jahren als autoritativ beschrieben haben. Zeitgemäßer lassen sich diese Erkenntnisse in einem situativen und kooperativen Führungsstil ausdrücken.

So beschränkt sich die Arbeit eines guten Vorgesetzten nicht mehr im Drohen und Disziplinieren. Er sorgt für ein gutes Betriebsklima, setzt sich für seine Arbeiter ein und schafft so Vertrauen. Gleichzeitig ist er in der Lage, die Mitarbeiter für ihre Arbeit zu begeistern, zu motivieren und anzuregen. Er setzt Ziele und vermittelt die Ziele den Arbeitnehmern auf diese Weise, dass die Mitarbeiter diese Ziele mit Leidenschaft umsetzen. Entstanden ist ein guter Teamgeist. Die Beschäftigten brennen nun im günstigsten Fall für ein Ziel und unterstützen sich dafür gegenseitig. Ein wichtiger Bestandteil einer Führungskraft ist die Anleitung zur richtigen Work-Life-Balance und in Zusammenarbeit mit der HR-Abteilung das richtige Kompetenzmanagement.

Erfolg in der Mitarbeiterführung: Warum emotionale Intelligenz immer wichtiger wird

Nicolas Scheidtweiler

Der Führungsstil eines Unternehmens ist Teil der Arbeitgebermarke und trägt somit maßgeblich zum Unternehmenserfolg bei. In einer vernetzten Welt, in welcher jeder Arbeitssuchende Bewertungen über Unternehmen einfach mit nur wenigen Klicks finden kann, führt ein schlechter Führungsstil in der Organisation dazu, dass sich potenzielle Interessenten erst gar nicht auf die ausgeschriebene Stelle bewerben.

Doch warum scheitern gut ausgebildete und intelligente Führungskräfte so häufig und was können Unternehmen selbst tun, um diesen Umstand zu verbessern?

Was ist emotionale Intelligenz?

Viele fachlich gut ausgebildete und smarte Führungskräfte, von denen man annimmt, dass sie augenscheinlich Potenzial haben, sind in ihrem Job nicht erfolgreich. Untersucht man die Ursachen für dieses Versagen, so ist der offensichtlichste Grund meist mangelhafte Leistung. Können die vorgegebenen Gewinn- und Umsatzziele nicht eingefahren werden, kommt es zu einem Wechsel an der Spitze. Für die Mitarbeiter bedeuten neue Führungskräfte, mit unterschiedlichen Führungsstilen und anderer Prioritätensetzung Stress, was sich wiederum negativ auf das Betriebsklima, die Motivation und die Arbeitsleistung auswirkt. Dabei sind die Fehler der Manager bei genauerer Betrachtung häufig nicht auf Unfähigkeit, sondern mangelnde emotionale Intelligenz zurückzuführen.

Unter emotionaler Intelligenz versteht man die Fähigkeit, Emotionen zu beherrschen. Menschen mit einer stark ausgeprägten emotionalen Intelligenz können sich in andere hineinversetzen und die Wirkung ihrer eigenen Worte und Körpersprache auf andere perfekt abschätzen. Führungskräfte, die ihr eigenes Verhalten richtig einordnen können, können Teams besser Führen und durch Empathie brenzlige Situationen routiniert bewältigen. Empathische Führungskräfte sind somit leistungsfähiger als andere, was sich wiederum positiv auf die Produktivität der Mitarbeiter auswirkt. Sie verstehen es, Teams zu motivieren und angemessen auf versteckte Botschaften zu reagieren. Dabei kann emotionale Intelligenz mittels Trainings erlernt werden.

Welchen Stellenwert nimmt emotionale Intelligenz in der Führung ein?

Zufriedene Mitarbeiter sind ein Schlüsselfaktor für jedes Unternehmen. Je zufriedener die Mitarbeiter einer Organisation sind, desto besser und erfolgreicher arbeiten sie und auch die Mitarbeiterbindung wird verstärkt. Ob Mitarbeiter glücklich mit ihrem Job sind, hängt dabei stark von der Führungskraft ab. Weist diese nur fachliche Kompetenzen auf, so fühlen sich Mitarbeiter häufig unverstanden, was langfristig zur innerlichen Kündigung führt.

Erfolgreiche Führungskräfte verstehen es daher, die versteckten Potenziale von Mitarbeitern zu erkennen und diese gezielt zu fördern. Dieser Umstand ist nicht nur förderlich für die Karriere des jeweiligen Mitarbeiters, sondern ebenso für die Führungskraft selbst. Auch die Fähigkeit, Teams richtig zusammenzustellen und die Motivation in Teams langfristig hochzuhalten, hat ihre Wurzeln in der emotionalen Intelligenz. Dieser Umstand begründet die Tatsache, dass besonders in Unternehmen, die über markante Teamstrukturen verfügen, Führungskräfte mit einer ausgeprägten emotionalen Intelligenz einen hohen Stellenwert einnehmen.

Auswirkungen emotionaler Intelligenz

Führungskräfte, die fachlich exzellent ausgebildet sind, jedoch nicht zuhören können, sich nicht als Teil des Teams sehen, verschlossen sind und nur widerwillig das Gespräch mit Mitarbeitern suchen, sind eine klassische Fehlbesetzung. Fachliche Kompetenz alleine macht keine Führungskraft aus und somit sind Manager ohne Fingerspitzengefühl häufig zum Scheitern verurteilt. Es bedarf Kommunikation und Verständnis, um ein Team zusammenzubringen und dafür benötigt die Führungskraft emotionale Intelligenz.

Dabei fühlen sich Chefs, die über keine oder nur eine geringe emotionale Intelligenz verfügen, oftmals unverstanden und versuchen Misserfolge auf das Team abzuschieben. Im schlimmsten Fall entziehen sie sich jeglicher Verantwortung und kreiden Fehler dem Team an. Zudem sind diese Personen oftmals resistent gegenüber Feedback und nicht fähig, kritische Selbstreflexion zu betreiben. Sie schaffen es nicht, die Motivation ihrer Mitarbeiter durch die Schaffung eines Wirgefühls und eines angenehmen Betriebsklimas zu heben. Die Unternehmensführung erkennt häufig erst viel zu spät, dass nicht das Team selbst, sondern die Führungskraft für die nicht erreichten Ziele verantwortlich ist. Dies führt dazu, dass unpassende Manager zu lange im Unternehmen sind und viele ausgezeichnete Mitarbeiter aufgrund mangelhaften Managements die Organisation verlassen.

Optimierung durch klare Arbeitgebermarke

Klassische, autoritäre Führungsstile wirken sich besonders in Unternehmen mit hoch qualifizierten Mitarbeitern negativ auf die Motivation aus. Ein kooperativer Führungsstil entspricht viel mehr den Wünschen gut ausgebildeter Mitarbeiter. Es ist Aufgabe der Führung, das passende Betriebsklima zu schaffen und eine Umgebung zu erzeugen, in welcher sich Mitarbeiter wohlfühlen und ihr volles Potenzial ausschöpfen können. Kooperationsbereitschaft ist dabei wesentlich essenzieller als ein rigoroses Bestrafungssystem oder eine Umgebung, in der keine Fehler toleriert werden.

Es braucht somit nicht nur Führungskräfte, sondern echte und charismatische Leader, die ihrem Team zeigen, wohin die Reise geht. Dabei ist wiederum emotionale Intelligenz gefragt. Herausragende Leader stärken nicht nur die intrinsische Motivation ihrer Mitarbeiter, sondern wissen auch ganz genau, welcher Mitarbeiter mit welcher extrinsischen Motivation zu Höchstleistungen motiviert werden kann. So können sich Bonuszahlungen bei Mitarbeitern, die gerade mitten im Hausbau stecken überaus positiv auswirken. Im Gegensatz dazu freuen sich frischgebackene Eltern oftmals mehr über ein flexibles Zeitausgleichssystem und für wiederum andere ist ein Firmenwagen mit Privatnutzung ein wichtiger Motivator. Führungskräfte sollten daher in der Entwicklung von Benefit-Systemen eingebunden werden.

Führungskräfte mit emotionaler Intelligenz, die über Ausstrahlung und Persönlichkeit verfügen und ein gutes Händchen haben, mit Menschen umzugehen, sind somit das Aushängeschild einer jeden Organisation und entscheidend für jedes Unternehmen, welches langfristig erfolgreich sein möchte.

24

Studien im Vergleich: Welche Eigenschaften Arbeitgeber attraktiv machen

Charline Moré

Unternehmen fragen sich zunehmend, ob es klare Faktoren für die Arbeitgeberattraktivität gibt, um effizient Bewerber anzusprechen. Ob diese existieren, zeigt der Vergleich verschiedener Studien: Der „Ergebnisbericht Most Wanted – die Arbeitgeberstudie 2014" von McKinsey, die Studie „Attraktive Arbeitgeber 2015" von Hans-Thilo Sommer als auch die Employer Branding-Studie zum „Randstad Award 2016".

Die Erhebungen ermitteln die wichtigsten Eigenschaften, die die Attraktivität eines Arbeitgebers ausmachen.

Die drei Studien unterscheiden sich in Bezug auf das Alter der Befragten sowie der Auswertungskriterien. Basierend auf der größten Employer Branding-Studie der Welt zeichnen die Randstad Awards jährlich die attraktivsten Unternehmen aus. In diesem Jahr nahmen über 7.100 Arbeitnehmer und Arbeitssuchende zwischen 18 und 65 Jahren an dieser Umfrage teil. Wohingegen sich die Studien „Attraktive Arbeitgeber 2015" sowie die Umfrage von e-fellows und McKinsey & Company gezielt an Studenten, Absolventen und Young Professionals richteten. Alle Studien arbeiten die wichtigsten Erfolgsfaktoren aus der Sicht der Arbeitnehmer heraus.

Was macht einen attraktiven Arbeitgeber aus?

Schon 2008 zeigte eine Studie von Hewitt die heute anerkannten Faktoren für attraktive Arbeitgeber auf. Zentral geht hervor, dass ein engagiertes Top-Management wichtig ist, um zu einer stimmigen Vertrauensbasis zwischen Mitarbeitern und Management beizutragen. Das Management tritt dem Personal mit einer gewissen Transparenz und Ehrlichkeit entgegen, indem diese öffentlich über Visionen, Zielsetzungen und Strategien sprechen.

Des Weiteren ist eine unverwechselbare Unternehmenskultur, in der ein kommunikatives Arbeitsumfeld geschaffen wird, relevant. Ein attraktiver Arbeitgeber nimmt Vorschläge und Feedbacks von Mitarbeitern entgegen und zieht diese in den Entscheidungsprozess mit ein. Dabei passt der Führungsstil zu den unternehmensstrategischen Anforderungen und den Bedürfnissen der Mitarbeiter.

Ein gesundes Zusammenspiel von Personalprogrammen und Unternehmensstrategien steht für die Attraktivität eines Unternehmens. Ein attraktiver Arbeitgeber vermittelt seinen Mitarbeitern die Unternehmensziele verständlich und transparent.

Bei der Wahl des Arbeitgebers ist den Mitarbeiter ein gezieltes Talentmanagement relevant. Top-Arbeitgeber ermöglichen den Mitarbeitern ein eigenverantwortliches Handeln und Erkennen herausragender Leistungen.

Diese fünf Erfolgsfaktoren sind für den Aufbau einer attraktiven Arbeitgebermarke von großer Relevanz. Sowohl im Personalmarketing als auch im Management sollten diese Faktoren gezielt angestrebt werden.

Ob diese Faktoren heute noch für die Attraktivität eines Unternehmens stehen, beleuchten die Studien aus den vergangenen zwei Jahren.

Ergebnisbericht Most Wanted – die Arbeitgeberstudie 2014[2]

Die Arbeitgeberstudie „Most Wanted" von e-fellows.net und McKinsey & Company zeigt, dass der Erfolg eines Unternehmens für Toptalente der entscheidende Faktor bei der Wahl des Arbeitgebers ist. Dieser Aspekt ist damit wichtiger als Standort, Gehalt und Work-Life-Balance. Dabei gewichten Frauen und Männer die unternehmensspezifischen Kriterien anders. Frauen legen mehr Wert auf ein kollegiales Umfeld als Männer. Dahingegen ist es Männern wichtiger, dass der zukünftige Arbeitgeber innovativ und international ist.

---

[2] https://docplayer.org/40214172-Ergebnisbericht-most-wanted-die-arbeitgeberstudie-2014.html (zuletzt abgerufen am 22.05.2020)

Während Frauen viel Wert auf ein kollegiales Umfeld legen, achten Männer auf einen innovativen Arbeitgeber

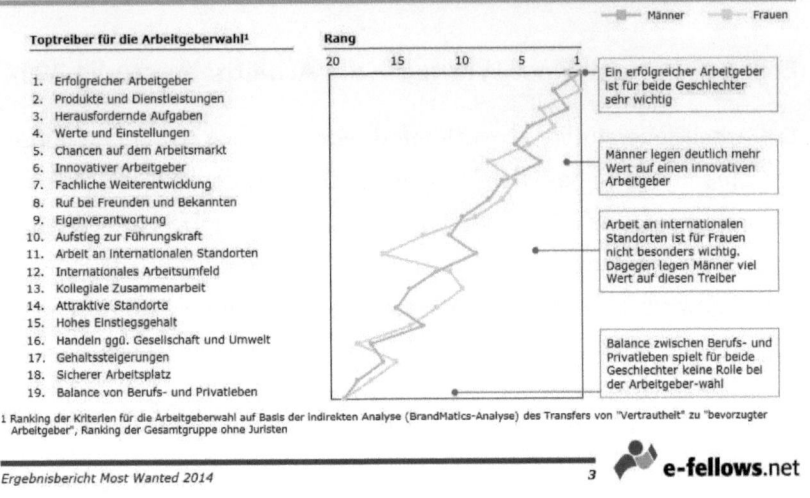

Toptreiber für die Arbeitgeberwahl[1]

1. Erfolgreicher Arbeitgeber
2. Produkte und Dienstleistungen
3. Herausfordernde Aufgaben
4. Werte und Einstellungen
5. Chancen auf dem Arbeitsmarkt
6. Innovativer Arbeitgeber
7. Fachliche Weiterentwicklung
8. Ruf bei Freunden und Bekannten
9. Eigenverantwortung
10. Aufstieg zur Führungskraft
11. Arbeit an internationalen Standorten
12. Internationales Arbeitsumfeld
13. Kollegiale Zusammenarbeit
14. Attraktive Standorte
15. Hohes Einstiegsgehalt
16. Handeln ggü. Gesellschaft und Umwelt
17. Gehaltssteigerungen
18. Sicherer Arbeitsplatz
19. Balance von Berufs- und Privatleben

1 Ranking der Kriterien für die Arbeitgeberwahl auf Basis der indirekten Analyse (BrandMatics-Analyse) des Transfers von "Vertrautheit" zu "bevorzugter Arbeitgeber", Ranking der Gesamtgruppe ohne Juristen

Ergebnisbericht Most Wanted 2014   3   **e-fellows**.net

Quelle: Ergebnisbericht Most Wanted 2014

Der Erfolg eines Arbeitgebers ist für beide Geschlechter von großer Bedeutung. Es gibt nicht nur geschlechterspezifische Unterschiede. Die Fachrichtung spielt eine entscheidende Rolle. Während Wirtschaftswissenschaftlern ein erfolgreicher Arbeitgeber wichtig ist, legen Mathematiker, Physiker und Informatiker mehr Wert auf einen innovativen Arbeitgeber. Sinnstiftende Aufgaben und Flexibilität sind den Befragten wichtiger als Gehälter und Statussymbole.

Insgesamt sind die Faktoren Innovation, Erfolg und Arbeitsatmosphäre des Unternehmens ausschlaggebend bei der Wahl des Arbeitgebers.

Die Studie „Attraktive Arbeitgeber 2015"[3]

Die Ergebnisse der Studie „Attraktive Arbeitgeber 2015" beschränken sich zunächst auf die grundlegenden Präferenzen der Befragten bezüglich des potenziellen Arbeitgebers. Die attraktivsten Eigenschaften sind Weiterbildungsmöglichkeiten und Aufstiegschancen. Für unwichtiger befanden die Befragten die Eigenschaften Sozialleistung und Infrastruktur. Auch die monetären Faktoren gehören nicht zu den Top-Kriterien. Unter den sekundären Eigenschaften tritt die konkrete Arbeitsatmosphäre hervor.

Während Männern die Aufstiegschancen am wichtigsten sind, präferieren die Frauen das Image eines Unternehmens. Insgesamt ist den Mitarbeitern eine gute Arbeitsatmosphäre bei der Wahl des Arbeitgebers wichtig. Faktoren wie abwechslungsreiche Tätigkeiten, Work-Life-Balance und Verantwortung folgen auf die zuvor genannten. Sowohl Männer als auch Frauen, stufen die wichtigsten Kriterien ähnlich ein.

Der Randstad Award 2016[4]

Auch die Employer Branding-Studie zum Randstad Award ermittelte die wichtigsten Kriterien, die bei der Wahl eines Arbeitgebers eine große Rolle spielen. Den Befragten dieser Studie sind die Faktoren berufliche Sicherheit und Arbeitsklima am wichtigsten. Darauf folgen

---

[3] https://issuu.com/berufsstart/docs/studie-attraktive-arbeitgeber-2015 (zuletzt abgerufen am 22.05.2020)
[4] https://www.randstad.de/workforce360/news/20160418/randstad-award-studie-2016-arbeitsplatzflexibilitaet (zuletzt abgerufen am 22.05.2020)

die Faktoren wettbewerbsfähiges Gehalt sowie Sozialleistungen und eine ausgewogene Work-Life-Balance.

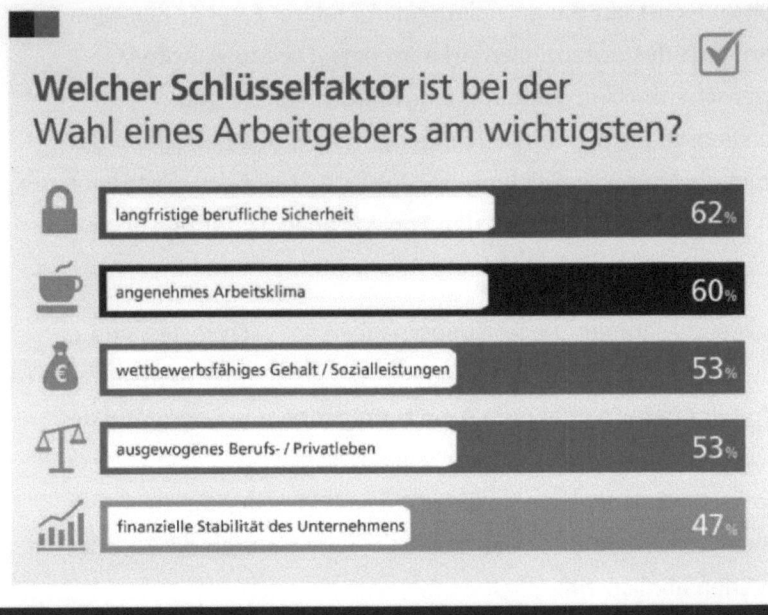

Welcher Schlüsselfaktor ist bei der Wahl eines Arbeitgebers am wichtigsten?

langfristige berufliche Sicherheit	62%
angenehmes Arbeitsklima	60%
wettbewerbsfähiges Gehalt / Sozialleistungen	53%
ausgewogenes Berufs- / Privatleben	53%
finanzielle Stabilität des Unternehmens	47%

Quelle: Randstad Award 2016. Mehr Informationen gibt es unter www.randstad-award.de

Quelle: Randstad Award 2016

Tipps: Attraktiv durch strukturiertes Employer Branding

Employer Branding ist die Grundlage, um sich als attraktiver Arbeitgeber zu profilieren und eine positive Arbeitgebermarke zu formen. Die Studien haben gleichlautende Kriterien ermittelt, die den Mitarbeitern und Bewerbern wichtig und ausschlaggebend für die Attraktivität des Unternehmens sind. Allerdings unterscheiden sich diese nach Geschlecht, Alter und anderen Faktoren. Daraus ergeben sich für Arbeitgeber drei Handlungsfelder:

1. **Erarbeitung einer klaren Positionierung**

   Vor der Strategieentwicklung steht die Analyse von internen und externen Faktoren. Durch methodische Erhebungen werden Informationen strukturiert gesammelt. Diese bildet das Fundament für alle Phasen im Employer Branding-Prozess. Auf dieser Grundlage werden in der Strategie relevante Zielgruppen ermittelt, um gezielt auf deren Bedürfnisse einzugehen. Folgende Fragen spielen bei der Strategie eine entscheidende Rolle: Wie will das Unternehmen gesehen werden? Welches Arbeitsklima soll herrschen? Wer soll Bewerber (weiblich/männlich, alt/jung, Bildungsgrad) sein?

2. **Umsetzung interner Maßnahmen**

   Die klare Positionierung erfordert unter Umständen Änderungen in der Unternehmenskultur und dem Leitbild. Insbesondere die Einbindung der Mitarbeiter in den Prozess stellt eine Herausforderung dar. Mit einem ausgearbeiteten Konzept werden geeignete interne Maßnahmen durch und eingeführt. Dazu gehören beispielsweise das Leadership Branding, Talentmanagement und ein modernes Diversity Management.

3. **Transport des Unternehmensimages**

   Das dritte Handlungsfeld beschäftigt sich mit dem Transport des Unternehmensimages mit dem Ziel der Mitarbeitergewinnung. Hierzu sollten im Rahmen des Multi-Channel-Publishing geeignete Maßnahmen und Kommunikationskanäle für eine gezielte und erfolgreiche Ansprache der Zielgruppen ermittelt werden. Dabei ist auf die Tonalität und die passenden Kontaktpunkte zu achten. Regelmäßig gehen große Konzerne wie BMW aus unterschiedlichen Studien als attraktivste Arbeitgeber hervor. Aber auch kleinere Unternehmen besitzen die Möglichkeiten, gezielt ihre gewünschten Bewerber anzusprechen. Mit einer zielgerichteten Employer Branding-Strategie kann sich ein Arbeitgeber aus der Masse der Wettbewerber abheben. Mit geeigneten und zielgerichteten Maßnahmen des Personalmarketings kann sich das Unternehmen für potenzielle Bewerber attraktiv machen. Die Faktoren, die einen attraktiven Arbeitgeber ausmachen, sollten ins Auge gefasst werden.

Recruiting: Nachwuchskräfte an der Quelle gewinnen

Nicolas Scheidtweiler

Der Arbeitsmarkt ist ein Markt. Wie auch sonst im Geschäftsleben gilt es für Unternehmen, das besondere Angebot zu schaffen und sich als attraktiver Anbieter zu positionieren – als vertrauenswürdige Marke eben auch auf dem Arbeitsmarkt. Ziel ist das Recruiting qualifizierter Nachwuchskräfte.

Der Mechanismus hinter dieser Theorie wird klar, wenn man den Nachwuchs von morgen persönlich trifft. Ich war kürzlich Gast beim Studien- und Berufsorientierungstag eines Gymnasiums in Wilhelmshaven, wo ich die Gelegenheit hatte, das Berufsfeld PR und natürlich auch meine Agentur, Scheidtweiler PR, den versammelten Oberstufen-Schülern vorzustellen. Diese Erfahrung war auch für mich in vielerlei Hinsicht lehrreich und ist an dieser Stelle ein Hinweis für suchende Unternehmen

Lektion 1: Erklärung des Berufsfelds

Mit vielen Jahren Berufserfahrung kann man leicht vergessen, dass die eigene Branche nicht für jeden Menschen ein offenes Buch ist. Die spezialisierte Sprache, die man sich angewöhnt hat und ganz natürlich spricht, ist für den Außenstehenden oft schwer verständlich. Was in meinem Beispiel PR eigentlich ist und welche inhaltlichen und strategischen Herausforderungen damit verbunden sind, muss dem Nachwuchs erst einmal übersetzt und erklärt werden. Das ist nicht unbedingt sehr schwierig. Wenn diese Erklärung aber ausbleibt, haben andere, allgemein oder dem jeweiligen Publikum bekanntere Berufsfelder und infolgedessen auch andere Unternehmen einen spürbaren Vorteil im Wettbewerb um die talentiertesten Köpfe.

Lektion 2: Arbeitgeber, die man kennt

Bei der Job- oder Nebenjobsuche nach Schule, Ausbildung oder Studium werden Unternehmen mit persönlicher Beziehung bevorzugt. Der Nachwuchs erinnert sich an Praktika, hört Geschichten aus dem Bekanntenkreis, entdeckt alte Visitenkarten und hat Gesichter und Gespräche dazu im Kopf. Wer hier persönlich positiv in Erscheinung getreten ist, steht auf dem Markt in der ersten Reihe und kann frühzeitig zum Beispiel auch Azubis oder dual Studierende für sich gewinnen.

Hinzu kommt der lokale Bezug. Denn obwohl die junge Generation heute mobiler ist denn je, gelingt es doch leicht über das Büro in und die Zugehörigkeit zu der eigenen Stadt den Appeal zu erhöhen. Nach wie vor gilt für die meisten Städte und Regionen: Die Nachwuchskräfte von morgen sind heute schon da.

Lektion 3: Prioritäten der Zielgruppe

Der persönliche Kontakt hat die Marktforschung gleich mit eingebaut. Internetseiten, Social Media-Profile und Plakate haben nicht die Möglichkeit, auf die individuellen Sorgen, Fragen und Ansprüche der jungen Menschen vor Ort einzugehen. Wer im persönlichen Gespräch auf all dies die passenden Antworten findet, hat den optimalen Zugang zur Zielgruppe gefunden.

Häufig gestellte Fragen sollte dann natürlich auch wieder in die nicht personalisierten Kommunikationskanäle online oder im Print aufgenommen werden, um die Ansprache auch dort weiter zu verbessern. Aber was diese Fragen sind, erfährt man eben nur im Gespräch.

Lektion 4: Kosten und Nutzen

Der Aufwand des persönlichen Besuchs ist nicht unbedingt gering, aber aus den oben genannten Gründen im Vergleich zu anderen Mitteln höchst effektiv.

Zudem ist der Einsatz an Schulen nicht zuletzt gesellschaftliches Engagement. Einblicke in die Wirtschaft von einem erfahrenen Unternehmer, der bereitwillig auch allgemeinere Fragen zur Karriere beantwortet, sind für Schüler und Lehrer gleichermaßen interessant. Man gewinnt also auch ein CSR-Pfund, mit dem man wuchern kann.

Daher mein Tipp zum Recruiting

Suchen Sie gezielt nach Veranstaltungen zur beruflichen Orientierung in Ihrer Region. Die Veranstalter, seien es Schulen oder Messen, treffen eine attraktive Vorauswahl interessierter junger Menschen für Sie. Verbinden Sie Ihre Branche im Allgemeinen und Ihr Unternehmen im Speziellen in allgemeinverständlicher Sprache mit der Lebenswirklichkeit Ihrer Zielgruppe. Der erfolgreiche persönliche Kontakt kann dabei über den Einzelnen hinaus wirken, wenn Ihre Botschaft an Freunde und Bekannte weitergereicht wird.

Wer auf diese Weise die Angebotsseite des Arbeitsmarkts betritt, hat den optimale Zugang zum Nachwuchs an der Quelle.

Personalfluktuation: Einflussfaktoren und Auswirkungen

Michael Schütz

Die Personalfluktuation sowie die Bindung von wertvollen Mitarbeitern stehen in engem Bezug mit der Rolle von Führungskräften. Konkret lässt sich sagen, dass Menschen zu Unternehmen kommen aber sich von Vorgesetzten trennen. An dieser Stelle wird deutlich, welchen enormen Einfluss der Führungsstil auf die Bleibeabsicht von Mitarbeitern hat.

Der Hernstein Management Report[5] hat bei Führungskräften in Österreich und Deutschland nachgefragt.

Die Selbsteinschätzung der Führungskräfte

Grundlegend schätzen 52 Prozent der Führungskräfte die eigene Einflusswirkung auf die Fluktuation als hoch ein, weitere 31 Prozent als eher hoch. Nur 2 Prozent der Befragten sehen keinen Zusammenhang zwischen Führungsstil und Fluktuation. Je höher die Position der Befragten, desto einflussreicher erscheint ihnen die eigene Einflusswirkung.

---

[5] https://de.slideshare.net/Hernstein_Institut/hmr-1-2014-pdf (zuletzt abgerufen am 22.05.2020)

Dementsprechend sinkt die eigene Einflusswahrnehmung beim unteren Management und liegt hier nur noch bei 45 Prozent im Verhältnis zu 65 Prozent bei Unternehmenseigentümern.

Fluktuation – ein Wort von großer Bedeutung.

Fluktuation bezeichnet allgemein den Abgang von Personal und den Prozess, der die Austauschrate oder den Wechsel von Mitarbeitern beinhaltet. Auf der einen Seite ist Fluktuation als ein natürlicher Vorgang zu betrachten. Das heißt mit neuen Menschen gelangen auch neues Wissen, Können und Ideen ins Unternehmen. Auf der anderen Seite ist es auch wichtig einem ständigen Kommen und Gehen entgegen zu wirken, da durch eine hohe Fluktuationsrate auch viel Wissen und Können verloren gehen kann. Es entstehen zudem teilweise sehr hohe Kosten für die Neubesetzung.

Fehleinschätzung mit Folgen

Unternehmen haben insbesondere eine ungewollte Fluktuation, wenn die Führungskräfte erst aufwachen, wenn Mitarbeiter schon gegangen sind. Aus Sicht der Führungskräfte wird also dem Finden und Rekrutieren neuer Mitarbeiter eine höhere Priorität zu gesprochen als dem Thema Fluktuation beziehungsweise Fluktuationsvermeidung. In Zahlen formuliert bezeichnen acht von zehn Unternehmen Rekrutierung als aktuell wichtiges oder teilweise wichtiges Thema, nur zwei von zehn Unternehmen sehen Rekrutierung derzeit als weniger oder nicht wichtiges Thema.

Dramatische Konsequenzen

Eine hohe Fluktuation kann laut Eva-Maria Ayberk, Leiterin des Hernstein Institus, zur Folge haben, dass das verbleibende Personal unter dem ständigen Kommen und Gehen leidet. Es entsteht somit nicht nur ein demoralisierender Effekt unter den Mitarbeitern, sondern auch ein enormer Kostenfaktor für das Unternehmen. Gerade zu Zeiten eines zunehmenden Fachkräfteengpasses sind solche Folgen fatal.

Die Schatzsuche im eigenen Unternehmen

Junge Mitarbeiterinnen und Mitarbeiter bzw. die viel zitierte Generation Y werden von Führungskräften allgemein als wesentlich wechselbereiter als andere Mitarbeitergruppen beziehungsweise Generationen eingestuft. Hier gilt es insbesondere diese Mitarbeitergruppe an das Unternehmen erfolgreich zu binden.

Besondere Angebote vermindern Fluktuation

„Was hält unsere Mitarbeiter und Mitarbeiterinnen, was schätzen sie, was unterstützt ihre Leistungsfähigkeit?", sind laut Ayberk entscheidende Fragen, die individuell ausfallen. Ein flexibles Bindungsangebot mit persönlichen Wahlmöglichkeiten ist daher sinnvoll. Nach der Studie legen gerade junge Mitarbeiter viel Wert auf Faktoren wie Gehalt, Zeiteinteilung, Entwicklungsmöglichkeiten und sonstige Benefits, aber auch persönliche Sympathie zur Branche und das vermittelte Arbeitsklima spielen dabei eine entscheidende Rolle.

Diese Themen sind auch für ältere, erfahrene Mitarbeiter und Mitarbeiterinnen relevant. Irren tut Ayberk nach unserer Erfahrung bei der Feststellung, dass ältere Mitarbeiter im Unternehmen verbleiben, weil der Arbeitsmarkt für die Generation 45+ keine Potentiale bietet. Jedoch zeigt der demografische Wandel, dass am Arbeitsmarkt auch immer mehr ältere Arbeitnehmer als Fachkräfte gefragt sind.

Wertschätzung durch gute Führung

Aber nicht nur der Verbleib im Unternehmen ist entscheidend. Vielmehr geht es auch um Motivation des einzelnen Mitarbeiters. Wie andere Studien zeigen, ist das Führungsverhalten auch hier der entscheidende Faktor. Grundlage ist das Leadership Branding. Die Führungskräfte transportieren Werte und sind Vorbilder im Sinne der Unternehmenskultur. Zeichen guter Führung sind Wertschätzung, Transparenz und Authentizität.

Employer Branding zur Senkung der Fluktuationsrate

Beide Aspekte, sowohl die Personalfluktuation als auch die Mitarbeiterbindung sind aktuelle Themen des Employer Brandings. Maßnahmen Basis einer klaren Positionierung als Arbeitgeber erhöhen die Motivation der Mitarbeiter und die Bereitschaft bei einem Unternehmen zu bleiben. Erfolgreiches Employer Branding führt zur effektiven Kostensenkung, da an dieser Stelle unter anderem Mitarbeiter gehalten werden und das Recruiting reduziert werden kann.

Es müssen weniger vakante Stellen ausgeschrieben werden, wodurch Kosten für die Anzeigenschaltung oder Online-Veröffentlichung auf ein Minimum reduziert werden. Zusätzlich spart der Arbeitgeber wertvolle Zeit, die er sonst für die Sichtung von Bewerbungsunterlagen und für Vorstellungsgespräche einplanen muss. Employer Branding setzt auf die Qualität der Mitarbeiter und weiß diese als wertvollen Schatz des Unternehmens zu halten.

Internes und externes Employer Branding

Michael Schütz

Das Employer Branding umfasst die Darstellung des Bereichs „Arbeit" in einem Unternehmen in ihrer Gesamtheit. Dabei unterscheiden wir zwischen dem internen und externen Employer Branding.

Beide Bereiche stehen auf der gleichen Ebene und sollten jeweils die gleiche Aufmerksamkeit bekommen.

Das interne Employer Branding

Das erklärte Ziel des internen Employer Branding ist die Mitarbeiterbindung. Je mehr sich ein Mitarbeiter mit dem Image und dem Verhalten (Corporate Behavior) seinen Kunden und Mitarbeitern gegenüber identifiziert, desto größer ist die emotionale Bindung an den momentanen Arbeitgeber. Die allgemeine Zufriedenheit und die Motivation der Mitarbeiter gilt es zu stärken und weiter zu steigern.

Das Ergebnis ist zum einen die langfristige Bindung der Mitarbeiter an das Unternehmen und zum anderen ein kundenorientiertes Arbeitsverhalten. Vor allem auch im direkten Kundenkontakt machen sich die Motivation und die Zufriedenheit des Mitarbeiters bemerkbar. Die Arbeitsfreude des Mitarbeiters beeinflusst somit unmittelbar die Wahrnehmung des Unternehmens seitens des Kunden.

Zusammengefasst beeinflusst das interne Employer Branding die Beziehung zwischen Unternehmen und Mitarbeiter einerseits – sowie die Beziehung zwischen dem Mitarbeiter und den externen Kontakten, zu denen vor allem auch die Kunden zählen

Die Basis für die erfolgreiche Etablierung einer Arbeitgebermarke ist es, die Mitarbeiter über die Ziele und Maßnahmen im Rahmen des Employer Branding zu informieren. Welche wirtschaftlichen Ziele werden verfolgt und welche Positionierung strebt das Unternehmen mit der Arbeitgebermarke an.

Das externe Employer Branding

Beim externen Employer Branding geht es um die Positionierung und Stärkung der Arbeitgebermarke mit dem Ziel, gezielt neue Mitarbeiter für das Unternehmen zu begeistern und schließlich zu Rekrutieren. Ein wichtiger Punkt dabei ist die Differenzierung zum Wettbewerb durch die Hervorhebung der positiven Eigenschaften des Unternehmens als Arbeitgeber. Je bekannter die Arbeitgebermarke ist, desto stärker ist sie im Bewusstsein der potenziellen Bewerber, die sich auf Arbeitssuche befinden.

Die Bekanntheit eines Unternehmens als guter Arbeitgeber wird somit immer Anreize schaffen, sich gezielt über genau dieses Unternehmen zu informieren. Je stärker die Arbeitgebermarke ist, desto konkreter ist das Bild, dass der potenzielle Bewerber bereits im Vorfeld der Bewerbung vom Unternehmen hat.

So kann der potenzielle Mitarbeiter bereits einen Abgleich zwischen seinen persönlichen Vorstellungen zu einem neuen Arbeitsplatz und den Angeboten, sowie Anforderungen des Arbeitgebers durchführen, bevor er eine Bewerbung absendet. Eine starke Arbeitgebermarke hilft also bereits den Rekrutierungsprozess effektiver zu gestalten, indem Missverständnisse von vornherein ausgeschlossen werden und nur passende Bewerbungen eingehen. Die Zahl der Fehlbewerbungen wird also merklich reduziert, was zu einer enormen Kostenreduzierung im Rekrutierungsprozess führt.

So unterschiedliche Ansätze für das interne und das externe Employer Branding sind, so haben beide Bereiche doch das gleiche Ziel: Die Existenz und Wettbewerbsfähigkeit des Unternehmens durch entsprechende Fachkräfte sicher zu stellen.

Bundeswehr im Recruiting-Irrflug – eine ernsthafte Gefahr!

Nicolas Scheidtweiler

Ursprünglich sollte die Überschrift „Der irre(nde) Arbeitgeber Bundeswehr lauten". Damit hätte ich auch nicht weit weg von der aktuellen Situation gelegen. Ich könnte so emotional weiterschreiben.

Als ehemaliger Offizier der Bundeswehr habe ich über mehr als einem Jahrzehnt unterschiedliche Zäsuren miterlebt, was Organisationsstrategie, Personalbedarf, Personalgewinnung, Öffentlichkeitsarbeit etc. angeht.

Die aktuelle Recruiting-Kampagne www.machwaswirklichzaehlt.de der Bundeswehr schlägt dem Fass jedoch den Boden aus. Sie ist zwar handwerklich gut gemacht und hat ein schönes (lange vermisstes) Corporate Design. Aus Sicht einer ehemaligen Führungskraft dieses Arbeitgebers kann auf diese Weise aber kein passendes Personal für die Einheiten und die Aufgaben gewonnen werden. Vielmehr besteht die Gefahr, das falsche Bewerberklientel anzusprechen.

Aber wo liegen die fachlichen Fehler aus Sicht des Personalmarketings?

Grundlagen mit Bezug zur Bundeswehr fehlen

Im Rahmen eines Empfangs hatte ich die Chance, unter vier Augen mit einem General zu sprechen. Er machte mir sehr deutlich, dass die aktuelle Bundesministerin der Verteidigung, Ursula von der Leyen, für

Soldaten nicht mehr zu erreichen ist. Sie habe sich einen Zirkel ehemaliger Unternehmensberater erzogen, der keinen Blick für die Notwendigkeiten der Bundeswehr habe. So wie ich erfahren konnte, flossen fachliche Aspekte aus Sicht der Soldaten nur unterschwellig in die Kampagne ein.

Damit werden die strategischen und organisatorischen Grundlagen der Bundeswehr aufgeweicht und nicht Bestandteil der zukünftigen Ausrichtung als Arbeitgeber. Vielmehr drängt sich der Eindruck auf, dass die Bundeswehr zum x-beliebigen Arbeitgeber wird, der sich für Bewerber und „Mitarbeiter" kaum von Konzernen wie Mercedes-Benz, Siemens oder der Allianz unterscheidet.

Aber die Bundeswehr ist einzigartig und hat ein besonderes „Marktumfeld".

Personalanforderungen unterscheiden sich vom Wettbewerb

Was in der Recruiting-Kampagne nicht deutlich wird, sind die völlig anderen Herausforderungen an „Mitarbeiter" der Bundeswehr. Soldatsein bedeutet an die eigenen Grenzen zu gehen und diese - im wahrsten Sinn des Wortes – zu überschreiten. Ein soldatisches Leben ist in vielen Facetten eingeschränkt. Der Beruf unterscheidet sich von anderen Berufen hinsichtlich des sozialen Lebens, des Komforts, der Entscheidungswege, der zeitlichen Belastung. Dazu die besondere Eigenschaft im Zweifel sein Leben zu geben oder ein anderes Leben zu nehmen.

Damit entstehen spezifische Anforderungen an das zu gewinnende Personal. Und das zu finden, erscheint zunehmend schwieriger.

Denn ein großer Teil der aktuellen Generation Y sucht nach risikoloser Selbstverwirklichung. Dabei haben viele Vertreter dieser Kohorte ein Selbstbewusstsein entwickelt, dass eine gewisse Hybris beinhaltet und Forderungen an Arbeitgeber stellt. Verzicht, Subordination und sich außerhalb der Komfortzone zu bewegen, ist einem Teil fremd.

Die neue Arbeitgeberpositionierung passt nicht zum bestehenden Personal

Vielleicht ist es aus Sicht der McKinsey-Berater richtig, die Arbeitgeberpositionierung und das Employer Branding diesen neuen Generationen und Bewerbergruppen anzupassen. So kann die Bundeswehr im Wettbewerb mit den Konzernen sicher bestehen.

Aber wird sie dann das richtige Personal, das zur derzeit gelebten Organisationskultur der Bundeswehr passt, finden? Personal, das den Cultural Fit erfüllt?

Ich denke nein.

Das bestehende Personal muss und will diese Nachteile des Soldatenberufes in Kauf nehmen. Verschiedene Berichte und mein militärisches Umfeld (auch wenn die Sichtweise der Bundeswehrgewerkschaft DBWV eine andere ist) zeigen, dass die von der Dienstherrin initiierten Maßnahmen im Grunde eine Sackgasse für die aktiven Soldaten ist.

Die Welt am Sonntag[6] fasst zusammen:

> *[...] Wichtigste Neuerung ist die Einführung einer wöchentlichen Arbeitszeit von 41 Stunden; die Höchstarbeitszeit inklusive aller Überstunden wird auf 48 Stunden begrenzt. [...]Nicht einmal eine Ausnahmeregelung für ihre Elitesoldaten hat die Regierung bislang hinbekommen. Dass das Kommando Spezialkräfte seinen Auftrag mit einer 41-Stunden-Woche erfüllen kann, ist eine reichlich absurde Vorstellung. [...]*

Diese Entwicklung des Arbeitgebers Bundeswehr hin zu einer Behörde oder einem ordinären Konzern hat keinen Bezug zu den strategischen Anforderungen an die Bundeswehr. Es ist ein netter Versuch, sich normal zu geben. Aber wenn das Umfeld und die Aufgaben sich nicht ändern, kann sich ein Arbeitgeber auch nicht im luftleeren Raum frei positionieren.

Es besteht die Gefahr, das falsche Personal zu gewinnen und das Organisationsziel nicht mehr erfüllen zu können.

Unehrliche Arbeitgeberpositionierung der Bundeswehr

Auch wenn die Wahrheit weh tut, wird sich die Arbeitgeberpositionierung der Bundeswehr deutlich von anderen großen Arbeitgebern unterscheiden. Dazu zählen auch die inhaltlichen Aspekte des Personalmarketings und des Retention Managements.

Wie kann sich Personal, das nie an seine Grenzen gehen musste – sei es in der Allgemeinen Grundausbildung (heute: Kein Wecken um 5:00

---

[6] https://www.welt.de/print/wams/politik/article149652143/Die-Soldaten-fuerchten-nicht-den-IS-sondern-die-41-Stunden-Woche.html (zuletzt abgerufen am 20.05.2020)

Uhr), im Komfort der Stube (heute: Doppelzimmer mit Kühlschrank und Flatscreen), in der Belastung sozialer Beziehungen (heute: Teilzeitregelungen für Einheitsführer) – auf bewaffnete Konflikte und Kriege vorbereiten? Die aktuelle Recruiting-Kampagne stellt völlig falsche Bilder und Werte vor. So ist die Platzierung der Standard-Waffe G36 ein gutes Beispiel: Das Gewehr ist gerade noch irgendwo zu sehen, aber wo immer möglich so angeschnitten, dass es nicht dominant wirkt.

Nicht zuletzt gibt sich die Bundeswehr in der Recruiting-Kampagne den Anstrich eines modernen, hippen Unternehmens. Das ist aber nicht der Fall: Organisatorisch nicht, technologisch nicht. Führung im Militär erfordert noch immer Disziplin und schnelle Entscheidungen, an die die angesprochenen Bewerber nicht gewöhnt sind. Technologisch sind die Waffensysteme und Bedienungen auf dem Stand, wenn überhaupt der 90er. Damit weit weg von der Lebensrealität der aktuellen Bewerbergeneration.

Man könnte fast von einer Lüge sprechen, die der Bundeswehr personell auf die Füße fallen wird.

Im Zweifel wird das unter falschen Angaben gewonnene Personal Leben kosten – nicht nur das eigene, sondern auch das der Menschen, die es schützen soll.

Auf diesen Irrweg im Bundeswehr-Recruiting ist auch schon die Pseudo-PR-Agentur Populistinnen angesprungen. Auf der Webseite www.machwaszaehlt.de greifen die Macher das Design und Wording der Bundeswehr-Recruiting-Kampagne auf. Sie kommen mit ihrer Aktion einer authentischen Kommunikation der Arbeitgebermarke Bundeswehr deutlich näher.

Vorschlag einer erfolgreichen Arbeitgeberpositionierung

Statt der McKinsey-Berater formuliere ich auf Basis meiner Erfahrung als Offizier und als Employer Branding-Berater eine klare Arbeitgeberpositionierung der Bundeswehr. Diese verdeutlicht die strategischen Aufgaben der Bundeswehr und formuliert auf dieser Basis die Anforderungen an das Personal.

Die Bundeswehr ist der bewaffnete Arm der Bundesrepublik Deutschland. Ihr Auftrag ist es, die Ziele und Interesse des Landes gegebenenfalls mit Gewalt durchzusetzen. Das Personal muss charakterlich und körperlich in der Lage sein, den Feind zu töten und zu vernichten.

Die Bundeswehr hat eine besondere Führungskultur, die an den Organisationszielen ausgerichtet ist. Diese hilft durch Hierarchien schnelle Entscheidungen zu treffen und Projekte unverzüglich umzusetzen.

Die Bundeswehr sucht Frauen und Männer, die sich dem Dienst ihres Landes verpflichten sehen und dabei auf Komfort und Sicherheit verzichten. Sie sucht verantwortungsbewusste Abenteurer*, die nicht bei einem herkömmlichen Arbeitgeber arbeiten wollen, in dem der Regelbetrieb von 9 bis 17 Uhr läuft.

* Anmerkung des Verfassers:
Der Terminus Abenteurer bezieht sich nicht Hasardeure, die ihren Spaß suchen. Sie bezieht sich auf die Eigenschaft, mit geminderter Infrastruktur umgehen zu wollen, dazu Offenheit für unbekannte Aufgaben, eine gewisse Risikoaffinität und schnelle Reaktionsgabe.

Social Media sind fester Bestandteil des Employer Branding

Nicolas Scheidtweiler

Gerade ist der aktuelle Social Media Recruiting Report erschienen. Der Inhaber des Institute for Competitive Recruiting, Wolfgang Brickwedde, hat auch in diesem Jahr wieder spannende Fakten ermittelt. Für uns ein Grund genauer hinzuschauen.

Der Fokus des Reports[7] liegt dem Titel nach auf der Gewinnung von Mitarbeitern. Dabei unterscheidet Wolfgang Brickwedde nach den Zeiträumen.

Abweichende Definition Employer Branding

Abweichend von unserer Definition des Employer Branding sieht sein Institut den Begriff als Synonym für das langfristige Recruiting. Das ist ein sehr enger Employer Branding-Begriff. Denn Employer Branding umfasst mehr als die einfache Gewinnung von Mitarbeitern. Aus unserer Sicht geht es darum, inhaltliche mit kommunikativen Aspekten zu verbinden, umso eine Arbeitgebermarke mit einer erhöhten Wahrnehmung und einem positiven Image zu verknüpfen.

---

[7]https://competitiverecruiting.de/resources/Social+Media+Recruiting+Report+2013+final.pdf (zuletzt abgerufen am 22.05.2020)

Wachsende Relevanz von Social Media

Aber genug kritisiert, denn abgesehen von den Begrifflichkeiten gibt diese Studie gute Hinweise auf die wachsende Relevanz der Social Media für die unterschiedlichen Bereiche des Employer Branding im Allgemeinen. Eine wesentliche Aussage des Reports lautet:

Aktuell auf Platz 3 aller Einstellungsquellen hat sich Social Media innerhalb von drei Jahren von Platz 7 vorarbeiten können.

Nur noch Onlinejobbörsen und die eigene Karriereseite stehen in der Relevanz über den Social Media. Allerdings mit der Einschränkung, dass es sich um die Business-Netzwerke handelt. Auf Platz 7 folgen erst die "reinen" Social Media:

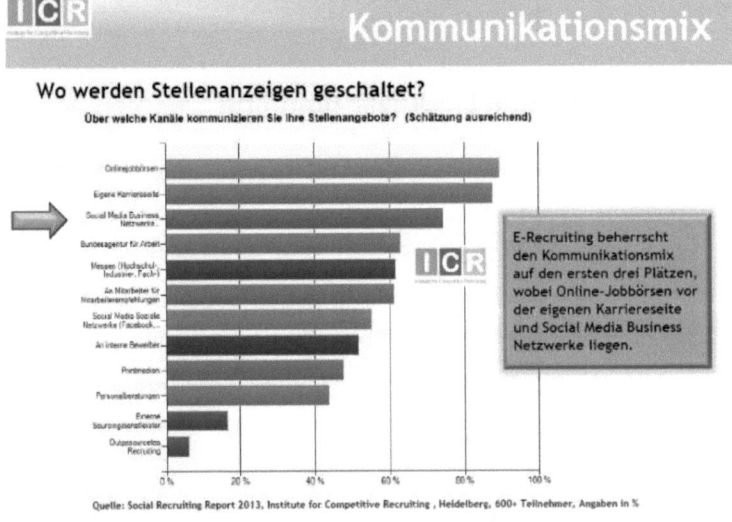

Quelle: Social Recruiting Report 2013

In diesem Kommunikationsmix werden zunächst Äpfel mit Birnen verglichen. Eine Differenzierung hinsichtlich der Ziele, die mit den einzelnen sozialen Plattformen erreicht werden sollen, stellt die folgende Übersicht dar. Dort werden den einzelnen Netzwerken die Ziele Recruiting und Personalmarketing zugeordnet:

Quelle: Social Recruiting Report 2013

Während Facebook und Xing nicht überraschen, ist die Relevanz von Twitter für das Personalmarketing auffällig. Daneben sind die Arbeitgeberbewertungsplattformen (beispielsweise kununu) wichtig für dieses Ziel.

Jedoch schränkt der Autor der Studie diese Übersicht ein: Die HR-Verantwortlichen sehen zwar den Bedarf, haben aber nur wenig Erfahrung mit dem Einsatz der Instrumente. Daher sind diese Bewertungen nur eingeschränkt heranzuziehen.

Fazit zum Social Media Recruiting Report

Insgesamt ist die wachsende Relevanz der Social Media keine Überraschung. Sie bieten auf verschiedenen Ebenen, wenn man Xing, LinkedIn, sowie Facebook, Twitter und Youtube über einen Kamm schert, alle Möglichkeiten, um Mitarbeiter zu gewinnen (und zu binden). Während es bei den Business-Plattformen um die direkte Bewerbung geht, dienen die "privaten" sozialen Netzwerke der langfristigen Bindung an ein Unternehmen.

Daneben klafft eine Lücke zwischen Anspruch und Wirklichkeit. Die Bekanntheit der Plattformen stellt auch die vordergründige Relevanz dar. So ist beispielsweise Youtube als Plattform unserer Meinung nach unterschätzt. Denn bewegte Bilder im Video ergeben beste Möglichkeiten sich als Arbeitgeber zu präsentieren.

Was der Report nicht offenlegt, ist der Aufwand, der hinter dem Einsatz der Social Media steht. Hier wäre eine weitergehende Studie notwendig. Denn die Beziehungspflege bei Facebook, Twitter und Co. unterscheidet sich wesentlich von der Veröffentlichung einfacher Stellenanzeigen, online wie offline.

Nachhaltigkeit und Umweltbewusstsein – Ein Plus für das Recruiting

Fabienne Bösch

Im War for Talents wird es zunehmend wichtiger für Unternehmen, sich durch Kreativität und Mitarbeiterverständnis im Employer Branding von Wettbewerbern abzuheben. Denn die Generation Y ist sehr darauf bedacht Arbeitgeber zu finden, die auch auf der Persönlichkeitsebene zu ihr passen. Dazu zählen eine klare Unternehmenskultur und die passenden Werte.

Um ein attraktives, modernes Betriebsimage aufzubauen, empfiehlt es sich mit dem Zahn der Zeit zu gehen und das Unternehmen nachhaltig in Richtung Umweltbewusstsein auszurichten.

Generation Y akzeptiert Missstände nicht einfach stumm

Kundgebungen gegen Rechtsextremismus, Demonstrationen für die humane Behandlungen von Tieren und Petitionen der Umwelt zuliebe – diese und viele weitere sind Beispiele für das große Engagement der Generation Y. Es gab schon immer Gruppen von sozialen Aktivisten, jedoch ist das Bewusstsein für die Leiden benachteiligter Personen und Tiere, sowie für die Umwelt, in der digital-vernetzten Generation Y mehrheitsübergreifend.

Die moderne Öko-Bewegung verlagert einen Großteil ihrer Aktivitäten von der Straße ins Internet, denn per Mausklick werden Beteiligungsaufrufe und Neuigkeiten zum Schutze der Umwelt etc.

rasend schnell in den sozialen Medien verbreitet und können durch Film- und Fotomaterial anschaulich unterstützt werden. Unternehmen, die in diesem Bereich stets up to date sind, sind anderen Unternehmen im Verständnis der Generation Y überlegen und genießen somit einen Vorteil im War for Talents

70 Prozent der Befragten beteiligen sich aktiv am Umweltschutz

Nach einer Greenpeace-Studie8 liegt 68 Prozent der 15-24-jährigen die Umwelt am Herzen. 70 Prozent der Befragten beteiligen sich aktiv am Umweltschutz, da sie einen gesunden Planeten als die Grundlage ihrer persönlichen und beruflichen Existenz betrachten. Die Generation Y schaut nicht still zu wie die alten Führungskräfte von Fabriken unbedacht CO_2 in die Luft pumpen, oder Hühner in Masthallen grausame Zustände aushalten müssen. Millenials wissen, wie es um die Gesundheit unserer Umwelt steht und geben alles, um ihren eigenen Kindern einmal ein sicheres Leben auf der Erde ermöglichen zu können.

Sicherlich umfasst diese bewusste Attitüde nicht alle Generation Y-Angehörigen, jedoch machen sich die meisten zumindest Gedanken, schon allein, weil der Gruppenzwang sie einfängt. Schildkröten-Rettung und Regenwald-Pflege sind chic, was die hohe Nachfrage an Auslandsaufenthalten mit Umwelt-Projekten beweist. Wer als junger Mensch heutzutage eine Umwelt- oder Menschen-feindliche Einstellung nach außen trägt, ist in der Generation Y schnell verpönt.

---

[8] https://www.greenpeace.de/themen/umweltbildung/unsere-jugend-ist-umweltbewusst (zuletzt abgerufen am 22.05.2020)

Eine ausgewogene Work-Life-Balance ist der Schlüssel zum Erfolg im Unternehmen

Ein Unternehmen, das diesen jungen "Umwelt-Trend" auszunutzen weiß, ist beim Recruiting schnell weit vorne. Im Gegenteil zu älteren Generationen wollen Ypsiloner Arbeit und Privatleben nicht mehr strikt trennen, sondern dazu in der Lage sein, ihre Individualität schon im Büro auszuleben. Die Akademiker und Fachkräfte von morgen suchen nach modernen Unternehmen, mit denen sie sich auf ethischer und moralischer Ebene identifizieren können. Unternehmen, bei denen sie Unterstützung für ihre sozialen oder ökologischen Aktivitäten finden.

„Vielleicht auch mal Tofu-Wurst an Stelle von Schweins-Wurst"

Ein kleiner erster Schritt könnte die Umstellung des Kantinen-Essens zu gesunden Bio-Mahlzeiten sein, vielleicht auch mal Tofu-Wurst an Stelle von Schweins-Wurst zu servieren. Die Generation Y is(s)t nicht nur umweltbewusst, sondern auch gesund. Weitergehend könnten Firmenwagen mit elektrischem Antrieb eingeführt werden, oder Workshops zu Umweltthemen für die Mitarbeiter angeboten werden.

Die Möglichkeiten ein Unternehmen sozial und umweltbewusst zu gestalten sind unendlich und gleichzeitig eine Chance für Arbeitgeber, den Arbeitsalltag ihrer Angestellten abwechslungsreicher denn je zu gestalten. Arbeitnehmer, die sich verstanden, fühlen und niemals von ihrem Aufgabenfeld gelangweilt sind, neigen dazu seltener den Betrieb zu wechseln.

Umweltbewusstsein ist ein erfolgversprechender Schritt für Ihr Unternehmen

Im Grunde genommen ist Umwelt- und Menschen-Bewusstsein eine Ergänzung zum Gesundheitsmanagement im Unternehmen, denn in einem gesunden Körper wohnt eine gesunde Seele. Diese verliert neben bürokratischen Dingen nicht ihre emotionalen Werte und setzt sich intensiv mit weltpolitischen Themen auseinander. Dazu wird das Employer Branding Ihres Unternehmens durch dieses neue Umweltbewusstsein stark nach vorne getrieben.

Als nachhaltiges, soziales Unternehmen gewinnen Sie nicht nur engagierte, qualifizierte Mitarbeiter der Generation Y für sich, sondern Sie stärken das gesamte Betriebsklima und schaffen ein gutes Miteinander. Nebenbei tragen Sie einen Teil zur positiven Entwicklung der Geschehen auf unserem Planeten bei.

Mit Stereotypen im Recruiting gewinnen

Nicolas Scheidtweiler

Zuletzt hatte ich zwei bemerkenswerte Workshops mit zwei unterschiedlichen Branchen. Die eine Branche zeichnet sich durch einen überragenden Frauenanteil von über 90 Prozent aus. Die andere durch einen gewerblichen Bereich, der keine Frauen anzieht.

Aufwand für Wunschbewerber zu hoch

Für die Teilnehmer war es je nach Branche sehr einfach ihre herkömmliche Hauptbewerbergruppe im Bereich Azubis plastisch darzustellen und sehr konkret zu visualisieren. Es ging schnell, im Workshop der Dienstleister die passende Bewerberin nach Alter, Milieu, Interessen, Werten, Kommunikationsmitteln, selbst nach Hobbies und Lebenszielen etc. zu charakterisieren. Der Rückgriff erfolgte auf Eigenschaften der bestehenden Azubis.

Als wir dann über alternative Zielgruppen nachgedacht haben, um die verfügbare Masse an Bewerbern zu erhöhen, fiel es den Teilnehmer schwer, ein klares Bild zu zeichnen. In dem einen Berufsfeld bewerben sich nur 2 Prozent Männer für eine Ausbildung. Und es wurde interessant: Es gibt nicht den typischen männlichen Azubi in diesem Beruf. Während bei den Frauen ein Stereotyp überwiegt, gibt es bei Männern nichts, was eine Gruppe charakterisiert.

Es sind Individualisten, die den Mut haben, einen Beruf zu erlernen, der nicht typisch für ihr Geschlecht ist. Ihre Beweggründe sind schwierig zu katalogisieren. Unter umgekehrten Vorzeichen vollzog sich das Gleiche im Workshop über gewerbliche Azubis. Hier war das Bild über den „Mann" schnell klar. Aber bei der Erweiterung auf „Frauen" wurde es schwer. Auch hier spielt die Individualität eine größere Rolle.

Wenn ich an weibliche Zimmermänner denke, an Männer als Zimmermädchen, Frauen in der Müllabfuhr, Männer in Kindergärten. Es kostet immer Mut und erfordert ein hohes Maß an Unabhängigkeit, um den Schritt in den Beruf des „anderen Geschlechts" zu gehen.

Bedeutung für das Recruiting

Es geht in diesen Workshops um die Positionierung als Arbeitgeber, um attraktiver zu werden. Grundlage dafür sind die Identitäts- und Image-Analyse. Grob beschrieben: Aus dieser Analyse ergeben sich Lücken zwischen den vermuteten Bedürfnissen der Mitarbeiter und deren wirklichen Wünschen, Zielen und Lösungsstrategien für den Arbeitsalltag. Basis ist das wissenschaftliche Konzept narrativer Interviews (mehr dazu in diesem Interview).

Um aber festzulegen, ob und wie ein Unternehmen diese Lücken schließen will, sind zwei Blickwinkel notwendig: Zum einen den des Arbeitgebers mit der Fragestellung, was er bietet und wie er gesehen werden möchte. Zum anderen die Sicht der gewünschten Mitarbeiter- und Bewerbergruppen.

Fester Bestandteil dieser Workshops ist daher die Entwicklung von Candidate Personas, die durch den Arbeitgeber gebunden bzw. gewonnen werden sollen. Ausgangsbasis ist die Positionierung als Arbeitgeber mit den bestehenden Attraktivitätsfaktoren.

Attraktivitätsfaktoren des Arbeitgebers

Die erste Frage lautet, was ein Arbeitgeber seinen gewünschten Bewerbergruppen aktuell bietet und ihn aus seiner Sicht und Sicht der Mitarbeiter attraktiv macht.

Dazu zählen zunächst die klassischen Attraktivitätsfaktoren Benefits, Motivatoren, Organisation und Prozesse sowie die Führungskräfte. Diese fragt ein Analyst in einem Check-up mit Geschäftsleitung, HR und Marketing in Form eines strukturierten Fragebogens im Interviewgespräch ab. Ergänzend erfolgt ein Vergleich mit dem Wettbewerb am Arbeitsmarkt.

Zur Identität zählen darüber hinaus Werte und Kultur des Unternehmens. Diese lassen sich in Form narrativer Interviews mit den internen Experten aus HR und Marketing erheben. Ergänzt werden sie durch die qualitativen Zielstellungen im Employer Branding. In Addition zum Check-up erfolgt somit eine qualitative Erhebung, die der Erhebung innerer Logiken dient und Ursachen benennt.

Die Wünsche der Mitarbeiter

Diesen Ergebnissen der Identitäts-Analyse wird die Sicht der Mitarbeiter gegenübergestellt. Diese Sicht – das Image des Arbeitgebers – erheben Analysten ebenfalls qualitativ. Die Form narrativer Interviews mit ausgewählten Mitarbeitern, die der Wunschzielgruppe nahestehen, ist zwar aufwändiger, liefert jedoch klarere Befunde. So erhebt der Arbeitgeber Gründe für die Sichtweise und nicht nur die Symptome (wie durch einen klassischen Fragebogen).

Die HR-Abteilung erhält damit bessere Ansätze für die jetzt folgenden strategischen Überlegungen. Diese Ansätze ergeben sich aus Vergleich von Identität und Image. Denn daraus ergeben sich regelmäßig Lücken, sogenannte Gaps.

Daraus gilt es, die Ausrichtung des Arbeitgebers festzulegen. Sollen alle Wünsche und Bedürfnisse, die sich aus der Image-Analyse ergeben, erfüllt werden? Oder gibt es Bereiche, die nicht erfüllbar sind oder sogar die falschen Mitarbeitergruppen adressieren?

Candidate Persona festlegen

Um Klarheit zu bekommen erfolgt die konkrete Definition der Zielgruppen. In Form von Personas legen die Workshop-Teilnehmer sehr konkret fest, welche Eigenschaften die gewünschten Mitarbeiter haben. Dazu zählen unter anderem Alter, Geschlecht, Wohnort, Bildung, Hobbies, Interessen, Werte, Probleme etc.

Diese Methode ergibt ein klares Bild über die Bedürfnisse und Erwartungen der Zielgruppe, auf die die Anpassung der Attraktivitätsfaktoren und der Kommunikation hin erfolgt.

Denn auf der anderen Seite ergibt sich die Soll-Positionierung des Unternehmens. Diese trägt den ermittelten Gaps Rechnung. So steigert er die Attraktivität gegenüber den Wunschbewerbern und – mitarbeitern. Im besten Fall verliert er an Zuspruch und einem positiv besetzten Image bei nicht-gewollten Arbeitskräften. Damit steigt die Effizienz des Recruiting-Prozesses und die HR-Abteilung gewinnt Zeit für strategische Aufgaben.

Unternehmerischer Erfolg erfordert Stereotype

Unternehmerische Aufgabe ist es nicht, Menschen in nicht typische Berufe zu bringen. Im Gegensatz dazu geht es um Effizienz, notwendige Bedarfe mit den vorhandenen Ressourcen zu decken. Je atypischer die strategischen Vorgaben sind, z.B. seitens der Geschäftsführung, bestimmte Zielgruppen bevorzugt zu gewinnen, desto schwieriger wird es für das Recruiting. Entweder stellt das Management dann mehr Ressourcen für die HR-Abteilung zur Verfügung oder geht den Schritt zurück, die bekannten Zielgruppen zu gewinnen und nicht zu kleinteilig zu werden.

Nicht zuletzt geht es bei der Candidate Persona um Stereotype. Der Griff in die Schublade heißt dabei nicht, Bewerberinnen und Bewerber auszuschließen. Sondern besonders attraktiv auf definierte Menschen zu wirken, um die Zukunftsfähigkeit des Unternehmens zu sichern.

Fairer Umgang in der Kündigungsfrist ist Employer Branding

Andreas Jacobsen

Die Mitarbeiterbindung endet nicht mit dem Ausspruch der Kündigung. Gerade in der Phase der so genannten Kündigungsfrist haben Unternehmen gute Chancen, ihr Profil als Arbeitgebermarke positiv zu schärfen. Mehr noch: Wenn es richtig ist, dass man in der Trennung sein wahres Gesicht zeigt, ist die Kündigungsfrist vermutlich eine der wichtigsten Phasen im Employer Branding.

Im Falle einer ordentlichen Kündigung besteht das Arbeitsverhältnis für beide Seiten – Arbeitnehmer und Arbeitgeber – unverändert fort. Dennoch ist gerade diese Phase häufig unangenehm. Scheidende Mitarbeiter sind weniger motiviert, Arbeitgeber fürchten nicht selten Verrat. Doch das muss nicht sein. Arbeitgeber haben gerade in dieser Phase die Chance, durch einen fairen Umgang mit scheidenden Mitarbeitern entscheidend zum Employer Branding beizutragen:

Die Kündigung nicht persönlich nehmen

Die Kündigung eines Mitarbeiters darf nicht persönlich genommen werden. Besser ist es, dem Mitarbeiter seine berufliche Entwicklung zu gönnen. Auch der beste Arbeitgeber, der alle Grundsätze des Markenaufbaus und der Mitarbeiterbindung berücksichtigt, kann nicht jeden Arbeitnehmer halten. Als Arbeitgeber sollte man deshalb stolz sein, das Fundament für die weitere berufliche Entwicklung gelegt zu haben.

Ein fairer Arbeitgeber bleibt in Erinnerung

An einen fairen Arbeitgeber erinnert man sich gern zurück. Ein Klima aus Missgunst, Kontrolle und Angst nützt einem Arbeitgeber auch während der Kündigungsfrist am Wenigsten. Macht man stattdessen deutlich, dass jeder Mitarbeiter bis zum letzten Tag fair behandelt wird, motiviert dies das verbleibende Team und hinterlässt beim scheidenden Mitarbeiter einen guten Eindruck. Gleichzeitig wird so eine reibungslose Übergabe unterstützt.

Zeugnis und Referenz dient der positiven Unternehmensdarstellung

Die Abwicklung des Arbeitsverhältnisses ist eine gute Gelegenheit, mit wenig Aufwand Employer Branding zu betreiben. Der Mitarbeiter hat Anspruch auf ein wohlwollendes Zeugnis, in dem sich das Unternehmen selbst auch noch einmal darstellen kann. Hat der Mitarbeiter nicht schon einen neuen Arbeitsplatz kann man ihm anbieten, als Referenz genannt zu werden. Schließlich wäre eine Unterstützung bei der Suche nach einem neuen Arbeitsplatz, zum Beispiel durch externes Coaching eine gute Möglichkeit, Employer Branding zu betreiben.

Offene und ehrliche Kommunikation in der Kündigungsphase wichtig

Eine offene und ehrliche Kommunikation bleibt auch in der Kündigungsphase das wichtigste Mittel beim Aufbau einer positiv besetzten Arbeitgebermarke. Denn: Gerade in der Kommunikation zeigt sich, ob ein Arbeitgeber souverän mit dem Ausscheiden eines

Mitarbeiters umgeht oder sich beleidigt in die Ecke stellt. Andersherum ist es auch wichtig, darzustellen, wenn die Freisetzung aus betrieblichen Gründen notwendig wurde.

Potenziale aus dem Netzwerk ehemaliger Mitarbeiter

Erkennen Sie die Chancen für zukünftige Geschäfte. Ein Sprichwort sagt: „Man sieht sich immer zwei Mal." Nun mag es nicht die Regel sein, dass Mitarbeiter wieder zu einem früheren Arbeitgeber zurückkehren, obwohl auch das vorkommt. Unter dem Stichwort Boomerang Hiring kann dies Teil der Recruiting-Strategie sein. Aber man darf auch nicht die geschäftlichen Potenziale unterschätzen, die aus dem Netzwerk ehemaliger Mitarbeiter kommen. Es ist klar, dass nur die Mitarbeiter weiterhin Geschäfte zu Gunsten früherer Arbeitgeber anbahnen, wenn sie dort bis zum Schluss fair behandelt wurden.

Fazit

Bereits diese kurzen Ausführungen zeigen, dass Arbeitgeber und Arbeitnehmer während der Kündigungsfrist einiges falsch, aber doch vieles richtig machen können. Wenn vor allem der Arbeitgeber einem scheidenden Mitarbeiter gegenüber souverän und fair auftritt, bleibt auch dieser vermeintlich letzte Akt in der Angestelltenbeziehung in positiver Erinnerung und trägt nachhaltig zum Aufbau und Festigung der Arbeitgebermarke im Employer Branding bei. Grundlage ist die Wertschätzung des Mitarbeiters durch das Unternehmen.

Whatsapp Business: Neue Optionen für Arbeitgeber

Claudia Wiehler

In vier Wochen ist es endlich so weit. Nach langen Vermutungen und Gerüchten launcht Facebook dann in Deutschland die Business-Version von Whatsapp. Was die App für Arbeitgeber so interessant macht, ist die Anzahl der monatlichen aktiven Nutzer. Weltweit nutzen mehr als 1,3 Milliarden Menschen den Messaging-Dienst.

Am 18. Januar 2018 gab Whatsapp den Launch der Business-Variante für Indonesien, Mexiko, Italien, Großbritannien und den USA bekannt. Whatsapp will damit vor allem kleinen Unternehmen unter die Arme greifen, die über die App so einen besseren Kontakt zu ihren Kunden gewährleisten können.

Nach offiziellen Angaben des Messenger-Dienstes wird auch die Business-Version für Unternehmen kostenlos erhältlich sein. Unternehmen erhalten einige neue Features, die sich stark von der privaten Nutzung der App unterscheiden:

1. Unternehmensprofile:

Unternehmen können nun nützliche Informationen, wie Öffnungszeiten, Mail- und Geschäftsadressen hinterlegen. Zudem ist es möglich eine Unternehmensbeschreibung und die Website in dem Profil unterzubringen.

2. Account-Typ:

Whatsapp schafft nun eine konsequente Trennung der Accounts. Wer mit Whatsapp Business unterwegs ist, wird auch gegenüber dem Kunden als Unternehmen angezeigt.

3. Nachrichten-Tools:

Unternehmen bekommen nun die Gelegenheit Begrüßungs- und Abwesenheitsnachrichten zu hinterlegen. Dieses intelligente Tool soll Zeit sparen und rasche Antworten auf häufig gestellte Fragen ermöglichen.

4. Nachrichten-Statistik:

Mit diesem Tool können Unternehmen unter anderem die Anzahl der gelesenen Nachrichten überprüfen. Whatsapp stellt Unternehmen simple Metriken zur Überwachung der Kommunikation zur Verfügung.

Für die Nutzung von Whatsapp-Business wird eine separate Telefonnummer benötigt. Eine Nummer, die bereits für den privaten Gebrauch in Einsatz ist, kann sich leider nicht in der neuen App anmelden. Desweiteren bleibt noch ungeklärt, ob die Business-Version mit mehreren Administratoren genutzt werden kann oder nur auf eine Person beschränkt bleibt.

Die Facebook-Tochter launchte die App bereits im letzten Jahr in Brasilien und Indien. Hier sollte die App auch als Unterstützung für Ärzte zum Einsatz kommen, die mit ihren Patienten in Kontakt bleiben wollen.

Bereits im letzten Jahr haben wir uns mit der kommerziellen Nutzung der App beschäftigt und stellten erste Ideen für Arbeitgeber und das Personalmarketing vor. Der offizielle Launch der App bringt Arbeitgebern und Personalern deutliche Vorteile. Sie können nun offiziell über die App mit Kunden und Bewerbern in den Kontakt treten und die Kommunikation mit ihnen aufrechterhalten.

Linkedin-Studie: Deutschland Recruiting Trends 2016

Michael Schütz

Wie in jedem Jahr hat die internationale Business Social Media-Plattform Linkedin ihre Studie „Deutschland Recruiting Trends" für 2016 veröffentlicht[9]. Knapp 3.900 Personaler und HR-Verantwortliche füllen die Studie und sehen die Qualität der Neueinstellungen als wichtigstes Kriterium ihrer Leistungsmessung (42 Prozent). Um dieses Ziel zu erreichen, werden sich die Unternehmen stärker auf die Entwicklung ihrer Arbeitgebermarke konzentrieren (43 Prozent). Aber auch die Mitarbeiterbindung wird als Priorität in der Personalarbeit für das kommende Jahr hoch bewertet (31 Prozent).

Die Qualität der Neueinstellungen als Leistungsmerkmal (KPI) wird demnach immer wichtiger. 56 Prozent der Unternehmen messen diese Qualität durch eine Leistungsbeurteilung der neuen Mitarbeiter – unterstützt durch Statistiken zur Fluktuation und Mitarbeiterbindung (46 Prozent). Die Wichtigkeit der Leistungskennzahlen „Zeit bis zur Besetzung der Stelle" und „Zufriedenheit der Personalentscheider" ist im Vergleich zum Vorjahr hingegen weiter gesunken.

---

[9] https://business.linkedin.com/content/dam/business/talent-solutions/regional/de-de/c/pdfs/GRT16_GermanyRecruiting_Deutsch_100715.pdf
(zuletzt abgerufen am 22.05.2020)

Die größte Herausforderung: Zu kleine Budgets in den Personalabteilungen

Dem Anspruch der Unternehmen, die Qualität der Neueinstellungen zu erhöhen, steht ein zu geringes Budget gegenüber, dieses Ziel mit entsprechenden Maßnahmen auch zu erreichen. In diesem Umstand erkennen die befragten Personaler die größte Herausforderung ihrer Tätigkeit in den nächsten Jahren. Dieses Ungleichgewicht wird es den Unternehmen schwer machen, die Hürden bei der Mitarbeitergewinnung zu überwinden. Hier treffen Anspruch und Wirklichkeit hart aufeinander.

Ebenso sehen die befragten Personaler noch Nachholbedarf bei der effektiven Messung der Qualität von Neueinstellungen. Allerdings sind 42 Prozent der Recruitingverantwortlichen in Deutschland überzeugt, sie würden diesen Wert schon gut einschätzen können. Der internationale Durchschnitt liegt hier bei lediglich 33 Prozent. Diese Selbsteinschätzung ist also mit Vorsicht zu genießen und wird von Unternehmen zu Unternehmen stark schwanken.

Mit den richtigen Tools zum Erfolg

Während sich die Arbeitgebermarke wieder als eine der obersten Prioritäten durchgesetzt hat, trauen die Personaler ihr hingegen wenig Einfluss bei der Besetzung offener Stellen zu. Um ihre Ziele zu erreichen, bräuchten die Personalverantwortlichen lediglich die richtigen Tools – so die Studie. Hier stehen weiterhin die Online-Stellenbörsen (58 Prozent), die eigene Karrierewebsite (46 Prozent) und die berufsbezogenen sozialen Netzwerke (42 Prozent) ganz oben in der Gunst.

Die Entwicklung und Umsetzung einer Employer Branding-Strategie und Führung einer Arbeitgebermarke scheint also eher ein Managementthema zu sein, mit dem die Personaler notgedrungen umgehen müssen – ohne dass der jeweilige langfristige Wert für ihre Arbeit erkannt wird. Allerdings erkennen 59 Prozent der Befragten Personaler, dass eine enge Zusammenarbeit mit dem Marketing des Unternehmens zur Stärkung der Arbeitgebermarke beiträgt. Eine funktionsübergreifende Zusammenarbeit kann sich also hier lohnen.

Mitarbeiterbindung als Priorität

Die Bemühungen der Personalabteilungen zur Mitarbeiterbindung bekommen laut Studie zukünftig mehr Gewicht. Ein wichtiges Kriterium, um Mitarbeiter im Unternehmen zu halten, ist die interne Stellenbesetzung und damit verbundenen Aufstiegs- und Karrierechancen. Diese hat jedoch nur für 10 Prozent der befragten Personaler Priorität. Dementsprechend gibt es auch nur wenige Programme zur internen Stellenbesetzung – lediglich 22 Prozent der Unternehmen haben ein gut durchdachtes Programm für Aufstiegschancen im Angebot.

Trends in der Personalbeschaffung

Die sich abzeichnenden Trends in der Personalbeschaffung werden ihren Effekt auch über das Jahr 2016 hinaus entfalten. So sollten zur effizienten Stärkung Ihrer Arbeitgebermarke die Nutzung der berufsbezogenen sozialen Netzwerke ebenso wie die Optimierung der eigenen Karriereseite priorisiert werden. Dazu gehört dann auch unbedingt die interne Stellenbesetzung als wichtiges Mittel zur Mitarbeiterbindung.

Die Studie erkennt eindeutig die Wichtigkeit der Beziehung der Unternehmen zu den bestehenden und potenziellen Mitarbeitern. So trägt verstärktes Active Sourcing ebenso zu dieser Beziehung bei wie ein aktives Engagement an vielen Stationen der Bewerberreise.

Der große Denkfehler: Work-Life-Balance

Claudia Wiehler

Den Beruf und das Privatleben unter einem Hut zu bekommen, ist nicht immer einfach. Genau diesem Problem widmeten sich in den letzten Jahren zahlreiche Untersuchungen und Studien. Doch müssen Arbeit und Leben immer in einem Spannungsverhältnis stehen? Ist eine gute Work-Life-Balance wirklich immer das zu erreichende Optimum?

Jeder redet davon, doch niemand hat sie wirklich: Die perfekte Work-Life-Balance. Welche Bedeutung hat Arbeit für den Menschen – oder ist Arbeit für uns wirklich nur ein lebenslanges Stressmoment? Es fühlt sich zumindest so an, wenn uns schon als Kinder beigebracht wird, dass viele negativ besetzte Dinge „mit Arbeit verbunden" sind. Doch Arbeit gehört zum Leben wie Urlaub und Familienbesuche.

Work-Life-Balance?

Betrachten wir zunächst einmal die heute gebräuchliche Definition von Work-Life-Balance: Die Work-Life-Balance bezeichnet die Ausgewogenheit von Arbeits- und Privatleben. Praktisch gesehen soll ein Gleichgewicht zwischen diesen immer wieder als konkurrierend dargestellten Lebensbereichen hergestellt werden. So sollen die beiden Bereiche einander ergänzen und stehen sich nicht mehr gegenseitig im Weg.

In der Theorie wird dem Arbeitnehmer mehr Kontrolle über die Organisation des Arbeitslebens eingeräumt, um so eine bessere Abstimmung mit den anderen Lebensbereichen zu finden. Der Arbeitnehmer bringt so dem Arbeitgeber einen größeren Nutzen – denn durch die bessere Organisation lassen sich die Gefahren wie Burnout und Boreout (Unterforderung) vermeiden.

Leben wir um zu arbeiten oder arbeiten wir um zu leben?

Doch Arbeit kann befriedigend sein und ist vielmehr als nur ein böses Ungeheuer – oder ein lästiges Übel, das wir auf uns nehmen. Auch neben der Arbeit lässt sich ein äußerst erfülltes Privatleben führen. Anscheinend sehen viele nur ein Paradies vor Augen, in dem sie den ganzen Tag nicht auch nur einen Finger rühren müssen.

Ein Gedankenspiel: Stellen Sie sich nun vor, Sie verbringen Ihr ganzes Leben in diesem Paradies und jede Arbeit wird Ihnen abgenommen. Alle um Sie herum arbeiten, nur Sie dürfen oder wollen nicht. In den ersten Wochen wäre dies wohl wie ein entspannter Urlaub.

Doch mit der Zeit setzt dieses Gefühl ein: Sie fühlen sich nutzlos. Auch Ihr Privatleben würde unter dieser Situation leiden. Sie haben so viel Zeit, die Bekannte und Freunde füllen könnten – doch die müssen arbeiten. Nun fühlen Sie sich unausgeglichen und wünschten sich, neben all der Freizeit doch auch wieder „etwas tun" zu können. Wie wäre es da mit Arbeit?

Um es kurz zu machen: Leben und Arbeiten sind keine Konkurrenten. Sie sind keine Gegensätze, die es auszugleichen gilt. Vielmehr geht es um eine Gesamtaufgabe, die uns das Gefühl gibt, ausgeglichen zu sein und für uns sinnvolle Dinge zu tun. Ergänzung statt Ausgleich.

Der falsche Ansatz

Das Modell der Work-Life-Balance geht grundsätzlich davon aus, dass Arbeiten eine Bürde ist. Das „richtige" Leben findet erst dann statt, wenn die Arbeit beendet wurde. Doch ganz ohne eine Aufgabe fühlen wir uns unausgeglichen und nutzlos. Genau aus diesem Grund gehen wir arbeiten.

Unser Gehirn unterscheidet nicht zwischen privat und beruflich. Es gelingt daher nicht immer, die Arbeit im Büro zu lassen. Genauso wenig gelingt es immer, persönliche Probleme zu Hause zu lassen. Gedanken lassen sich nicht so einfach abschalten.

Maßnahmen zum Ausgleich binden nicht in jedem Fall die Mitarbeiter an das Unternehmen. Sie bewirken auch keine Leistungswunder. Wer das Unternehmen unbedingt verlassen will, der verlässt es auch.

Besondere Talente suchen nicht nach zahlreichen oder besonderen Gimmicks. Sie kommen zu den Unternehmen, die ihnen die Möglichkeit bieten, sich aus der persönlichen Perspektive heraus voll zu entfalten und etwas bewirken zu können. Eine spannende und sinnvolle Aufgabe ist mehr wert als nur ein bloßer finanzieller Arbeitsausgleich.

Kriterien der Arbeitgeberwahl

Worauf es bei der Arbeitgeberwahl tatsächlich ankommt, untersucht die Unternehmens- und Strategieberatung McKinsey & Company einmal jährlich in dem Ergebnisbericht Most Wanted – die

Arbeitgeberstudie[10]. Die Studie kommt zu einem eindeutigen Ergebnis: Nicht die Balance zwischen Berufs- und Privatleben zieht die Top-Talente zu den Unternehmen.

Viel mehr zählt – für Männer und Frauen übrigens gleichermaßen – der Erfolg des Arbeitgebers. Ausschlaggebende Faktoren bei der Arbeitgeberwahl sind vielmehr Faktoren wie Innovation, Atmosphäre im Unternehmen und eben der wirtschaftliche Erfolg. Erst auf Rang 19 folgt das Gleichgewicht zwischen Privatem und Beruflichem.

Brauchen wir mehr Balance?

Dabei können wir Deutschen eigentlich kaum etwas an der vorherrschenden Balance auszusetzen haben. Die OECD sammelt jährlich die auflaufenden Arbeitsstunden pro Person im internationalen Vergleich (hier geht's zur OECD Statistik). Aus der Statistik geht hervor, dass in keinem anderen Land so wenig gearbeitet wird, wie in Deutschland.

2016 lag der jährliche Durchschnitt bei 1.363 Arbeitsstunden pro Person. Im Vergleich: Der OECD-Durchschnitt liegt bei 1.763 Arbeitsstunden pro Person. Können wir uns also tatsächlich über zu viel Arbeit beschweren? Zugegeben: Die Stunden die wir arbeiten geben nicht unbedingt Aufschluss darüber, wie anstrengend die Arbeit auf uns wirkt. Doch im internationalen Vergleich gibt es nicht Grund zu meckern.

---

[10] https://www.e-fellows.net/Karriere/Beruf-und-Karriere/Most-Wanted-2017 (zuletzt abgerufen am 22.05.2020)

Arbeit und Leben – unvereinbar?

Stellt Arbeiten für uns also ein lästiges Übel dar und fängt unser richtiges Leben erst nach dem Feierabend an? Die Antwort lautet hier ganz klar: nein. Indem wir arbeiten, geben wir unserem Leben selbst eine Bedeutung. Wer nach mehr Work-Life-Balance schreit, braucht eventuell nur einen anderen Job. Einen, der mehr den eigenen Fähigkeiten entspricht und dafür sorgt, dass wir uns entfalten können. Die kleinen oder auch großen Herausforderungen, denen man sich im Job stellen muss, stärken die Persönlichkeit und den Charakter.

Wer glaubt, dass Arbeiten und Leben getrennt werden können, begeht einen Denkfehler. Für einige mag das Leben jenseits der Arbeit der Part sein, indem sie mehr Erfüllung finden und auch mehr Sinn sehen. Doch anstatt über eine bessere Work-Life-Balance zu reden, sollten wir uns darum bemühen, uns ein sinnerfüllteres Arbeitsleben zu schaffen.

Jeder Arbeitnehmer kann sich selbst fragen, ob er seine Fähigkeiten und Leidenschaft in seinem Job optimal ausleben kann. Ist das nicht der Fall, wären Überlegungen über einem Jobwechsel viel angebrachter.

Arbeitszeit ist Lebenszeit!

Bereits im Kindesalter lernen wir, das Arbeiten immer mit Mühe verbunden ist. Ob nun in den Wörtern Hausarbeit, Schularbeit etc. Ein bitterer Beigeschmack ist also von Anfang an vorhanden und sorgt dafür, dass uns die Lebensfreude beim Arbeiten abhandenkommt. Doch das ist alles eine Frage der Haltung und lässt sich korrigieren.

Machen Sie Ihren Kopf frei von den Gedanken der Work-Life-Balance und machen Sie sich bewusst, dass die Arbeit uns nicht am Leben hindert. Sie ist ein bedeutender Bestandteil unseres Lebens, ohne den wir uns nicht selbst verwirklichen können.

Fazit: Arbeit ist Leben und Leben ist Arbeit

Arbeiten gehört zu unserem Leben. Sie ist ein Teil von uns, ohne den wir uns nutzlos und gegebenenfalls auch wertlos fühlen. Sie erfüllt uns mit Sinn – und das ist genau das, wonach auch die jüngeren Generationen in ihrem Tätigkeitsfeld suchen.

Dabei geht es nicht um die perfekte Balance zwischen dem privaten Leben und der Arbeit – falls es die überhaupt jemals geben sollte. Es geht doch vielmehr darum, Aufgaben zu finden, die den eigenen Fähigkeiten entsprechen und die uns glücklich machen.

Im Employer Branding spielt die Mitarbeitermotivation eine zentrale Rolle. Ein gutes Betriebsklima und ein Vorgesetzter, der seine Mitarbeiter motivieren kann, machen einen merkbaren Unterschied in der Leistungsfähigkeit und der Motivation des Arbeitnehmers aus. Die zwischenmenschlichen Interaktionen zwischen Arbeitgeber und Arbeitnehmern und unter den Kollegen sorgen für Zufriedenheit bei der Arbeit und steigert zusätzlich noch die Attraktivität des Arbeitgebers.

Wichtiges Employer Branding-Tool: Das Exit-Interview

Michael Schütz

Wenn ein Mitarbeiter von sich aus das Unternehmen verlässt, ist es für den Arbeitgeber sehr hilfreich, die wahren Gründe für den Wechsel zu erfahren. Die Ergebnisse aus dem dafür erforderlichen Abschlussgespräch – auch Exit-Interview genannt – beinhalten wertvolle Informationen zu den Hintergründen des Ausscheidens und bieten dadurch Möglichkeiten zur internen Verbesserung bestimmter Abläufe und Umstände, die sich positiv auf die verbleibenden Mitarbeiter auswirken können.

Um ehrliche Antworten zu erhalten, ist es wichtig, dass beide Parteien mit einer positiven Grundstimmung in das Gespräch gehen.

Um diese positive Grundstimmung zu erreichen, müssen bereits lange im Vorfeld die entsprechenden Voraussetzungen geschaffen werden. So sollte jedem Mitarbeiter – ob langjährig dabei oder gerade eingestellt – bekannt sein, dass dieses Exit-Interview existiert und durchgeführt wird. Steht das Exit-Interview an, muss dem scheidenden Mitarbeiter deutlich gemacht werden, dass das Interview absolut freiwillig stattfindet, dass er keine Sanktionen zu befürchten hat und wer von den Ergebnissen erfährt.

Das Ziel des Gesprächs ist es heraus zu finden, wie sich solcherlei Abgänge in Zukunft verhindern lassen.

Folgende Fragen sollten den Kern des Interviews bilden:

- Was hat Sie motiviert einen neuen Job zu suchen?
- Was war der ausschlaggebende Grund, dass sie den neuen Job angenommen haben?
- Hatten Sie bei uns das Gefühl, optimal ausgestattet zu sein, um ihre Arbeit gut zu verrichten?
- Wie würden Sie die Kultur unseres Unternehmens beschreiben? Haben Sie Beispiele dafür?
- Was hätten wir tun können, damit Sie bei uns geblieben wären?
- Was würden Sie an Ihrem Job oder dem Unternehmen ändern, wenn sie könnten?
- Wenn Sie unzufrieden waren, konnten Sie das thematisieren?

Um die bestmöglichen Erkenntnisse aus dem Exit-Interview ziehen zu können, muss das Gespräch sehr sachlich und offen geführt werden. Das gilt vor allem bei kritischen Aussagen des scheidenden Mitarbeiters oder auch bei emotionalen Reaktionen, die auf Frust schließen lassen. Hier darf sich der Arbeitgeber nicht in Rechtfertigungen flüchten, sondern muss als verständnisvoller Moderator auftreten.

Das abschließende „Auf Wiedersehen und alles Gute" muss ernst gemeint sein und vom Mitarbeiter auch so wahrgenommen werden. So kommt das Arbeitsverhältnis für beide Seiten zu einem gütlichen Ende – und beide Seiten ziehen ihre Lehren daraus.

Das gilt besonders für den Arbeitgeber, der unbedingt Konsequenzen aus den Wechselgründen ziehen sollte, in dem er die angesprochenen Missstände beseitigt. So wird das Exit-Interview zu einem wertvollen Instrument der eigenen Employer Branding-Strategie.

Personalmarketing 4.0: Authentisches Recruiting via Video

Claudia Wiehler

Klar ist, dass Karrierenetzwerke wie Xing oder Linkedin als Bestandteil einer Bewerbung zukünftig auf dem Vormarsch sind und die „klassischen" Bewerbungskanäle aus dem Weg räumen werden. Es bleibt nicht aus, dass sich Arbeitgeber im Bereich bei der Personalbeschaffung auf Social Media fokussieren und mit neuen Kanälen hantieren.

Ein aktuelles Beispiel ist das Recruiting via Whatsapp. Das Career Team von Daimler konnte mit diesem Kanal erste Erfahrungen sammeln. Diese innovative Idee lässt Unternehmen im Hinblick auf die Auswahl neuer Instrumente mutiger werden. Eine zunehmende Rolle werden multimedial aufgearbeitete Inhalte einnehmen. Durch bewegte Bilder können Unternehmen sich als Arbeitgeber, ihre Mitarbeiter und das Arbeitsumfeld umfänglich und emotional darstellen. Ein positiver Nebeneffekt ist die Barrierefreiheit: Auch leseschwache Bewerber werden durch die Videos angesprochen.

Neben Youtube sichern sich Plattformen wie Facebook, Periscope und Snapchat einen Platz in der Nische. Gerade letztere Plattform erfreut sich zunehmender Beliebtheit bei jüngeren Zielgruppen.

Warum Personalmarketing per Video?

Unternehmen bekommen durch Social-Media-Kanäle die Gelegenheit mit der Generation Y in Kontakt zu treten. Denn mit den herkömmlichen und klassischen Recruiting-Methoden erreichen sie die Digital Natives nicht. Ein Leben ohne soziale Medien, mobile Endgeräte und ein ständiges „online sein" ist für sie kaum vorstellbar. Insbesondere die Kommunikation durch Bilder und Videos nimmt in den sozialen Netzwerken zu. Arbeitgeber sollten diese Art der Kommunikation für sich nutzen, um Kandidaten auf sich aufmerksam zu machen. Dies funktioniert jedoch nur dann, wenn die Videos in eine gute Qualität aufweisen und auf den sozialen Netzwerken zugänglich gemacht werden, um alle potenziellen Bewerber zu erreichen.

Der Allrounder: Facebook

Auch das im Jahr 2004 gegründete soziale Netzwerk hat sein Angebot um eine Livestreaming-Funktion erweitert. Facebook Live bietet Unternehmen eine Einstellungsmöglichkeit, die für Unternehmen durchaus interessant sein kann. Wenn ein potenzieller Bewerber eine Unternehmensseite auf Facebook liked, ist es möglich, gezielt an diesen Streams zu richten, die das Unternehmen als möglichen Arbeitgeber vorstellen. Facebook ist mit über 1,7 Milliarden aktiven Nutzern, hat das Netzwerk mit der höchsten Reichweite.

Vorteile des Allrounders

- Facebook Live zeigt während des Streams an, wie viele und welche Nutzer der Live-Übertragung folgen. Zudem gibt es die Möglichkeit weitere Freunde während des Streams einzuladen, damit auch diese folgen.

- Die Funktionen von Facebook Live lassen sich auch bei Gruppen und Facebook-Events einbinden.

- Der Stream lässt sich nach der Übertragung als Video in die Chronik einbinden.

- Neben dem Video werden auch die Kommentare der Zuschauer gespeichert. Unternehmen erhalten somit ein wertvolles Feedback.

Funktionalität

Facebook Live steht allen Nutzern des sozialen Netzwerkes zu Verfügung. Benötigt wird dafür lediglich ein Smartphone mit der Facebook-App. Durch diverse Einstellungen ermöglicht Facebook dem Unternehmen, nur bestimmte Gruppen oder Follower an dem aktuellen Geschehen teilhaben zu lassen.

Inzwischen Klassiker: Youtube

Youtube ist eine in 2005 gegründetes Video-Portal und ist mit über eine Milliarde Nutzern der Klassiker unter den Video-Apps. Arbeitgeber können auf diesem Portal kostenlos Videos über das Unternehmen und seine Mitarbeiter hochladen, aber auch live streamen. Potenzielle Bewerber bekommen somit die Gelegenheit einen Einblick in das Unternehmen und den Arbeitgeber zu bekommen. Zudem können die Videos von ihnen bewertet und kommentiert werden. Seit 2006 ist Youtube eine Tochtergesellschaft von Google.

Vorteile des Klassikers

- Bewegtbilder haben bei der Optimierung von Suchmaschinen eine größere Relevanz als reine Textbeiträge. Innerhalb der SEO hat Youtube als Tochter von Google Vorteile. Das Einbinden von Videos in die Recruiting-Seite rankt die Website und das Video höher in den Google-Suchergebnissen inklusive der Thumbnails.

- Eine positive öffentliche Interaktion (Anzahl der Aufrufe, Bewertungen und Kommentare) signalisiert Google sehenswerten Content, was zu einem besseren Ranking führt.

- Teilen von Videos in den sozialen Netzwerken bringt mehr Reichweite und sorgt für eine größere Aufmerksamkeit.

- Um eine hohe Viralität zu erzeugen, sind hohe Qualität und relevanter Inhalt ein Muss.

Funktionalität

Die Anmeldung bei Youtube erfolgt durch einen Google-Mail-oder anderen Google-Account. Falls dieser noch nicht vorhanden ist, haben die Benutzer die Möglichkeit ein Account über Youtube einzurichten. Youtube bietet Unternehmen die entsprechenden Unternehmens-Accounts an. Die Inhalte können privat, für die offene Suche nicht-gelistet oder veröffentlicht werden.

Auf dem Vormarsch: Periscope

Periscope ist eine Video-Streaming-Lösung von Twitter, um Inhalte live im Internet zu senden. Durch Periscope erhalten Unternehmen die Gelegenheit, ihren potenziellen Bewerbern einen kleinen Einblick in ihren Arbeitsalltag zu geben. Unternehmen können durch eine Live-Schaltung zu einem virtuellen Rundgang durch die Geschäftsräume, sowie zu Vorträgen oder Workshops einladen. Mit der Periscope-App erreichen Unternehmen aktuell über zehn Millionen Nutzer.

Vorteile der App

- Durch Twitter-Verknüpfung und Pushnachrichten wird in Echtzeit auf interessante Sendungen aufmerksam gemacht.

- Ein Einloggen ist zum Zuschauen nicht zwingend erforderlich.

- Übertragungen lassen sich privatisieren.

Funktionalität

Periscope bietet dem Verwender die Möglichkeit, sich über einen Twitter-Account oder über eine Telefonnummer anzumelden. Die Videos lassen sich in der App aber auch im Browser ansehen. Wie auch in anderen sozialen Netzwerken, lässt Periscope dem User die Freiheit wem er folgen will und ebenso wem er seine Inhalte zu Verfügung stellen will. Videos sind nach der Live-Sendung für weitere 24 Stunden verfügbar.

Für die jungen Bewerber: Snapchat

Snapchat ist eine App, die es seinen Usern ermöglicht, Fotos und Videos zu versenden. Die geteilten Inhalte stehen nach dem Öffnen für zehn Sekunden zur Verfügung und werden anschließend gelöscht.

Durch die Story-Funktion ist Snapchat auch für Unternehmen interessanter geworden. Unternehmen können so ihren Kandidaten

Trailer, Teaser, Behind-the-scenes-Aktionen oder auch Mitarbeiter-Vorstellungen zu kommen lassen. Durch Snapchat lässt sich insbesondere eine jüngere Zielgruppe durch persönlichen Charakter erreichen. Mit der Snapchat-App lassen sich über 200 Millionen Nutzer erreichen.

Vorteile Snapchat

- Durch eine geringe Distanz zwischen Sender und Empfänger wird ein persönlicherer Kontakt ermöglicht

- Die zeitliche und inhaltliche Planung der Nachricht fällt aufgrund der kurzen Haltbarkeit weg. Der Umgang mit den Inhalten wird somit befreiter.

- Snapchat ist durch die terminierte Dauer des Inhaltes der ideale Begleiter auf Events und Veranstaltung.

- Die Story-Funktion erhöht die Bindung der Fans.

Funktionalität

Die Snapchat-App steht Arbeitgebern ohne jegliche Verknüpfung zu anderen sozialen Netzwerken zur Verfügung. Die Anmeldung erfolgt über die Eingabe von Mail-Adresse, Geburtsdatum und Passwort. Im nächsten Schritt wird der Benutzer dazu aufgefordert, einen einmaligen Benutzernamen zu kreieren. Zur Verifizierung wird der Benutzer anschließend aufgefordert, seine Handynummer einzugeben.

Fazit: Zukunftsorientiertes Personalmarketing via Video

Sozialen Netzwerken kommt eine stetig wachsende Bedeutung in unserem Leben zu. Daher dürfen vor allem Unternehmen den Einfluss der Plattformen nicht unterschätzen. Bewerber werden immer mehr zu Digital Natives. Diese schätzen authentische und kreative Unternehmen. Arbeitgeber, die auf unterhaltsame, emotionale und multimediale Inhalte Wert legen, bleiben bei ihrer Zielgruppe in Erinnerung. Durch Mut und Kreativität können Unternehmen sich von ihrem Wettbewerb abheben und die Anzahl der Bewerbungen erhöhen.

Recruiting-Videos ermöglichen den Bewerbern eine schnelle Informationsaufnahme. Die Unternehmenskultur kann authentisch und ansprechend für potenzielle Bewerber aufbereitet und verbreitet werden. Die Reichweite dieser Medien macht die Nutzung für das Employer Branding spannend.

Neue Wege beim Recruiting durch Active Sourcing

Michael Schütz

Die Recruiting-Verantwortlichen stehen durch teilweise leere Arbeitsmärkte vor immer größeren Herausforderungen, um die Unternehmen mit neuen Talenten und erfahrenen Experten zu versorgen. Nach der Studie „Recruiting Trends 2014" der Frankfurter Goethe Universität und Monster Worldwide gewinnt jedoch der Trend in sozialen Netzwerken aktiv nach geeigneten Kandidaten zu suchen, immer mehr an Akzeptanz.

Die Zeiten, in denen Personaler die Bewerbungen in Stapeln auf dem Schreibtisch hatten, sind vorbei. Einmal mehr zeigt die Studie „Recruiting Trends 2014", dass der demografische Wandel und der daraus resultierende Fachkräftemangel schon heute die größten Herausforderungen im Personalwesen darstellen. Damit einher gehend lässt sich parallel die Social Media als einer der wichtigsten Trends als möglichen Ausweg erkennen. Damit bestätigt die Studie auch andere Erhebungen.

Kann „Active Sourcing" die Probleme im Recruiting lösen?

„Active Sourcing" ist das Zauberwort, das diesem Trend zugrunde liegt. Doch zunächst: Was ist Active Sourcing eigentlich? Beim Active Sourcing geht die Initiative zur Besetzung eines Arbeitsplatzes vom Unternehmen, also vom Personaler aus. Der Recruiting-

Verantwortliche geht aktiv in die erste Kontaktaufnahme. Zahlreiche Online-Netzwerke unterstützen bereits diesen Trend.

Die Studie liefert dazu deutliche Zahlen: Haben 2012 noch 50 Prozent der Personaler den Einsatz von Social Media im Recruiting als hilfreich empfunden, sind es aktuell schon mehr als 64 Prozent. Das zeigt, dass diese Plattformen mehr und mehr Akzeptanz finden und in den Recruiting-Prozess integriert werden. Mittlerweile gibt es viele – meisten kostenpflichtige – Anwendungen, die den Recruiter dabei unterstützen.

Zu den Online-Netzwerken, die bei der beruflichen Orientierung die Größte Rolle spielen, gehören Xing und LinkedIn. Währens Xing im deutschsprachigen Raum die Nase vorn hat, ist LinkedIn ein deutlich internationaler ausgerichtetes Netzwerk. Zusammen mit den umfangreichen Lebenslaufdatenbanken der großen Online-Jobbörsen, wie zum Beispiel Monster und Step-Stone, ergeben sie wirkungsvolle Werkzeuge innerhalb des Active Sourcing. Damit lassen sich die gesuchten Experten und Fachleute gezielt finden und können unkompliziert und diskret kontaktiert werden.

Was sind die Maßnahmen des Active Sourcing?

Die Studie „Recruiting Trends 2014" nennt jedoch noch weitere erfolgversprechende Maßnahmen des Active Sourcing. So arbeiten 85 Prozent der befragten Unternehmen bereits mit eigenen Talent-Pools, 71 Prozent sind im Bereich des Hochschulmarketings aktiv, 70 Prozent besuchen Recruiting- und Personalmessen. Dagegen nehmen sich die Zahlen der Online-Maßnahmen recht klein aus. XING und LinkedIn nutzt gerade einmal die Hälfte der befragten der Unternehmen und die Lebenslaufdatenbanken nur knapp

Da immer mehr Initiative seitens der Unternehmen gefragt ist, um die besten Talente ins eigene Unternehmen zu lotsen, werden sich die Kernaufgaben der Personaler in nächste Zeit deutlich verändern. Das ist laut Studie auch mehr als 84 Prozent der Recruiting-Verantwortlichen bereits heute klar. Neben dem Personalwesen werden die Bereiche Marketing und Vertrieb mehr in den Fokus der Tätigkeiten rücken.

Die persönliche und individuelle Ansprache ist am wichtigsten

Es wird im Personal-Recruiting zukünftig immer mehr darum gehen, die ausgeschriebenen Arbeitsstellen und das Unternehmen in attraktive Angebote zu fassen, die den potenziellen Mitarbeiter neugierig machen. Diese Herausforderung wird noch anspruchsvoller, wenn sich die Personalabteilung gegenüber großen Unternehmen behaupten und dabei auch noch Standortnachteile ausgleichen muss. Um die gesuchten Fachleute nicht schon während des Recruiting-Prozesses zu verschrecken ist Fingerspitzengefühl gefragt. Die Ansprache muss vollständig individuell sein – fernab von standardisierten Formulierungen aus der Vergangenheit – und auf die Person und persönliche Situation zugeschnitten.

Konsequent eingesetzt wird Active Sourcing schneller eine emotionale Bindung des potenziellen Mitarbeiters zum Unternehmen schaffen – jedoch nur, wenn der Personaler die Werkzeuge der Social Media in weitem Umfang einzusetzen weiß. Ein Umdenken im Recruiting ist also unabdingbar.

Unsere Erfahrung zeigt, dass sich Unternehmen mit diesem Wandel schwertun. Oftmals sind es eingefahrene Prozesse, die es gilt in

Unternehmen aufzubrechen. Daneben ist es die Unerfahrenheit im Umgang mit selbstbewussten Bewerbern der Generation Y und deren eigenen Darstellung im Netz. Dabei bieten gerade diese öffentlichen Bewerbungen gute Möglichkeiten auf qualifizierte Bewerber aktiv zuzugehen. Der HR-Verantwortliche wird so zum Marketer.

Das Cafeteria-Prinzip und der Spaßfaktor – Tipps zur Mitarbeitermotivation

Margarete Rexrodt

Die Frage, welche Faktoren für die Mitarbeitermotivation erfolgreich sind, beschäftigt Unternehmen, ihre Personaler, sowie das Feld des Employer Branding in den letzten Jahren verstärkt. Die Gründe für die steigende Relevanz von entsprechenden Anreizsystemen liegen in der Wandlung von Demografie und Arbeitsmarkt.

Fachkräftemangel und der War for Talents stellen Unternehmen vor die Herausforderung, für ihre Mitarbeiter attraktiv zu bleiben.

Das Cafeteria-Prinzip

„Grundsätzlich sollten Anreizsysteme mitarbeiterspezifisch ausgerichtet sein, das heißt dass Anreize nicht für alle Mitarbeiter gleich angewendet werden, sondern nach den Vorlieben und Wünschen der Mitarbeiter unterschieden wird.", so definiert Strategieberater Nils Schulenburg einen gelungenen Ansatz zur Mitarbeitermotivation in Zeiten gestiegener Anforderungen im Bereich des Personalmarketings.

Diese Methode wird als Cafeteria-Prinzip bezeichnet; jedem Mitarbeiter eines Unternehmens wird hierbei ein gewisses flexibles Budget zugesprochen. Dieses kann auf verschiedenste Leistungen angewendet werden. Dazu gehören zusätzlicher Urlaub, Zuschüsse zur Altersvorsorge oder der Fitnessstudiobesuch. Mitarbeiter können also gleich einer klassischen Cafeteria zwischen Angeboten wählen und sie flexibel auf ihre jeweilige Lebenssituation anpassen. Flexibilität und Individualität; diese Ziele stehen dabei im Vordergrund und führen zur erfolgreichen Mitarbeitermotivation und -bindung!

Typen von Motivatoren

Im Allgemeinen sowie im wirtschaftstheoretischen Sinne lassen sich zwei Arten von Motivation unterscheiden: extrinsische sowie intrinsische. Erstere bezeichnet die Triebkraft, aufgrund erwarteter Konsequenzen (z.b. einer Belohnung) in einer bestimmten Weise zu handeln. Demgegenüber liegt intrinsische Motivation vor, wenn wegen des in der Tätigkeit selbst liegenden Reizes gehandelt wird. Nicht ein bestimmter Outcome steht im Fokus, sondern Spaß, Interesse oder Herausforderung.

Spaß und Herausforderung im Vordergrund

Klassische extrinsische Motivatoren sind monetäre Anreize und Aufstiegsmöglichkeiten in der Unternehmenshierarchie. Auf derartige Anreizsysteme wurde in der Vergangenheit verstärkt gesetzt. Allerdings betonen führende Fachleute im Personalmarketing stärker die Wichtigkeit intrinsischer Motivation. Mitarbeiter müssen sich mit ihrer Arbeit identifizieren und die Freude an ihr reflektieren können. Dieser Idealzustand verspricht höchstmögliche Zufriedenheit und Motivation; unerlässlich für erfolgreiche Mitarbeiterbindung!

So lassen sich eine ganze Reihe relevanter Motivatoren extrahieren, die keine äußere Anreize und Belohnungen, sondern die Freude an der Arbeit selbst in den Vordergrund stellen. Hierzu zählen: Die Vielfältigkeit von Arbeitsaufgaben, intellektuelle Herausforderung, die

Möglichkeit, unternehmerisch, kreativ und innovativ zu sein, Verantwortung zu übernehmen... Auch hierbei ist es wichtig, Motivatoren individuell anzupassen. Daher müssen Unternehmen dahinein investieren, Mitarbeitertypen zu identifizieren, analysieren und intrinsische Motivatoren entsprechend zu wählen.

Rotation, Erweiterung oder Bereicherung gefällig?

Um die zuvor analysierten Ziele (Motivatoren) zu verfolgen, ist weiterhin auf die Wahl der richtigen Strategien zu achten. Erfolgsversprechend sind unter anderem die Anwendung von sogenannter Job Rotation, Job Enlargement oder Job Enrichment. Mit Erstgenanntem ist der systematische Wechsel zwischen verschiedenen Arbeitsplätzen oder Aufgaben innerhalb eines Unternehmens gemeint. Job Enlargement bezeichnet die Erweiterung des bisherigen Aufgabengebiets um weitere Tätigkeiten desselben Anforderungsniveaus, Job Enrichment ein zusätzlich höheres Anforderungsniveau. Diese Strategien zielen also jeweils auf spezielle Motivatoren, wie Vielfältigkeit und Herausforderung der Aufgaben, ab.

Fazit

Unternehmen müssen sich zugunsten hoher Mitarbeitermotivation aufgrund aktueller Anforderungen stärker als je zuvor mit Erwartungen und Wünschen der Mitarbeiter beschäftigen. Dazu müssen Mitarbeitertypen identifiziert und analysiert werden, um sowohl extrinsische als auch intrinsische Motivatoren darauf anzupassen. Die wichtigste Empfehlung lautet dabei, Anreizsysteme flexibel und individuell zu gestalten, um auf unterschiedliche und sich wandelnde Lebensumstände einzugehen. Weiterhin ist es sinnvoll, zur Motivation von Mitarbeitern eher intrinsische als extrinsische Motivatoren zu wählen, also Anreize, die die Freude an der Arbeit selbst in den Fokus stellen.

Employee Communities – sinnvoll nach innen und außen

Nicolas Scheidtweiler

„Die Digitalisierung wird die Arbeitswelt verändern, die Personaler müssen darauf reagieren. Die befragten Experten gehen sogar von der Auflösung der Organisation aus. Digitale Fachkräfte werden sich künftig eher hochspezialisierten, firmenübergreifenden Communities zugehörig fühlen als der eigenen Firma und deren Hierarchien verweigern."

Ein Zitat aus dem Artikel "25 Thesen zum Arbeiten 4.0"[11], das die vorzunehmenden Änderungen für die Arbeitswelt der Zukunft beschreibt.

Arbeitswelt im Wandel bedeutet, dass sich Strukturen ändern und sich die Organisationen parallel dazu anpassen müssen. Diese Transformationen spiegeln sich vor allem in der Gewinnung von Personal wider: Wurden früher lediglich ein Mitarbeiter für eine bestimmte Position gesucht, so wird heute in innovativen Unternehmen ein „Asset" zur Community rekrutiert, der das Profil für die Jobstelle erfüllt.

---

[11] https://www.humanresourcesmanager.de/news/25-thesen-zur-zukunft-der-arbeit.html (zuletzt abgerufen am 22.05.2020)

Employee Communities mehr als ein Fachkräfteteam

Solche Communities werden als Employee Communities bezeichnet und sind ein Netzwerk von Arbeitnehmern aus einem meist ähnlichen Arbeitsbereich. Vereinfacht formuliert: Ein Fachkräfteteam.

Eine Employee Community verfolgt primär das Ziel, die Arbeitnehmer hinsichtlich Ihrer beruflichen Interessen zu verbinden und so beispielsweise Arbeitsabläufe und den Outcome zu verbessern. Dazu tritt das sekundäre Ziel, die Unternehmenswerte innerhalb der Community zu vermitteln, zu verstehen und zu leben. Die Vermittlung eines Wertesystems und die Verankerung im Bewusstsein der Mitarbeiter, stellt eine wichtiger werdende Herausforderung für Unternehmen dar.

Daneben unterstützen die Employee Communities die "Peer-to-Peer"-Kommunikation. Diese beschreibt, dass Fachkräfte-Teams untereinander direkt kommunizieren und somit bestehende Hierarchien mindern. Auch dieses Ziel trägt zu einem verbesserten Outcome durch schnellere Kommunikation und Entscheidungswege bei.

Denn fühlen sich die Mitarbeiter bereits durch ihr gemeinsames Tätigkeitsfeld verbunden und zugehörig, so ist auch die Vermittlung und vor allem die Identifikation mit neuen Unternehmenswerten leichter gemacht.

Community Building unterstützen

Verfügt ein Unternehmen über eine hohe Anzahl von Angestellten, so kann die Vernetzung aller Mitarbeiter eine große Herausforderung darstellen.

Durch zahlreiche Kommunikationswege ist es für jeden Arbeitgeber möglich, sogenannte „User Groups" und Networks von Arbeitnehmern entstehen zu lassen. Das wohl bekannteste Network, um schnellen Kontakt innerhalb von Arbeitsbereichen zu fördern, ist das Intranet. In vielen Unternehmen fristet es ein stiefmütterliches Dasein, jedoch kann es aktiver Posten im Community Building werden. Dazu bedarf es der Überarbeitung bestehender Inhalte. Interne Mitarbeiterblogs, Tauschbörsen, Social Media-artige News regen zu aktiven Beteiligung und zum Beziehungsaufbau an. Diese Art der digitalen Plattformen fördert besonders das Community Bewusstsein und Networking unter Kollegen und steigert die Effizienz der Arbeit.

Daneben gelten weiterhin die Regeln der analogen Welt. Events und Gespräch außerhalb des Arbeitsplatzes vernetzen die Menschen weniger in fachlicher, dafür umso mehr in kultureller und sozialer Weise. Kleine Budgets für Abteilungsausflüge ermöglichen es den Communities sich selbst zu organisieren und gemeinsame Interessen zu verfolgen.

Führungskräfte innerhalb einer Community

Laut neuster Recherche spielen die Wertevorstellungen und die Feedback-Kultur eine große Rolle in Employee Communities. Doch vor allem die Teilnahme der Führungsebene sorgt für eine ganzheitliche Vernetzung innerhalb der Community. Nicht nur Arbeitnehmer eines Bereiches sollten in einer Gemeinschaft angehören, sondern auch die Führungskräfte - so sind idealerweise alle Hierarchien innerhalb einer Community vertreten.

Employee Communities für die Personalgewinnung

Währenddessen es früher die klassische Personalsuche mithilfe von Stellenanzeigen und Ausschreibungen war, wird heute das Active Sourcing immer wichtiger. Active Sourcing ist die aktive Suche der Recruiting-Abteilung nach potentiellen Bewerbern für eine spezifische Stellenausschreibung. Diese wird meistens über digitale Kommunikations- und Bewerberplattformen (u.a. Xing, Linkedin, aber auch Facebook) durchgeführt.

Da Employee Communities bereits in sich funktionieren und fehlende Stellen bestens identifizieren können, bilden diese eine Unterstützung für das aktive Sourcen neuer Mitarbeiter. Die Zusammenarbeit zwischen Personalabteilung und Employee Community gilt demnach als unverzichtbar um neue Fachkräfte für die bestehende Community im Unternehmen zu gewinnen. Zusammenfassend ist es also ein Must-have für jeden Arbeitgeber, den Aufbau von Employee Communities zu unterstützen.

Denn wer mit einer großen Anzahl von Fachkräften arbeitet und sein Unternehmen zukunftsorientiert gestalten möchte, will die Möglichkeit des Community Netzwerkes nicht missen.

Arbeitgeberpositionierung – Hemd und Krawatte oder T-Shirt mit Jeans?

Claudia Wiehler

Entscheidungen zu treffen ist nicht immer einfach. Viele von ihnen treffen wir unterbewusst und sind von trivialer Natur. Oftmals geschieht dies häufig unter einem enorm hohen Zeit- und Investitionsdruck. Eine der wichtigsten Entscheidungen, die ein Arbeitgeber treffen muss, lautet: „Wie will ich von Mitarbeitern und Bewerbern gesehen werden?".

Erst wenn diese Entscheidung getroffen wird, kann man authentisch mit der Zielgruppe interagieren und passende Botschaften senden. Wer die Wahl hat, hat die Qual. Per Definition ist eine Entscheidung die Wahl einer Handlung aus mindestens zwei vorhandenen Handlungsalternativen unter Beachtung der übergeordneten Ziele. Eine Entscheidung setzt sich also aus einer Willensbildung und einem Entschluss zusammen.

Doch was das Treffen von Entscheidungen so schwierig macht, ist Fülle der Informationen. Auch das nie vorhandene gesamtheitliche Wissen über die damit zusammenhängende Zustandsveränderung spielt dabei eine große Rolle. Eventuelle Konsequenzen kann der Entscheidungsträger nur grob abschätzen. Je mehr Handlungsalternativen vor einem stehen, desto schwieriger fällt die Wahl.

Der Anfang vom Ende?

Das Entscheiden für eine Handlungsalternative erfordert Mut. Doch ist das Treffen einer Entscheidung der Anfang oder doch eher das Ende? Entscheidungen können leichter fallen, wenn man sie einfach trifft. Es muss jedoch bewusstwerden, dass jede getroffene Entscheidung zu einer Zustandsveränderung führt. Somit endet natürlich der vorherige Zustand, öffnet jedoch auch neue Möglichkeiten und Wege und bedeutet somit immer einen Anfang. Dies gilt auch für die Identität und das Image als Arbeitgeber.

Schubladen für eine Positionierung

Viele Entscheidungen treffen wir unterbewusst, aus dem Bauch heraus. Wie zum Beispiel unsere Lieblingsfarbe oder auch unseren Lieblings-Fußballclubs. Die Wahl, ob ich ein Fan des Fußballclubs Bayern-Münchens bin oder mich doch lieber als Fan des BVB bekenne, ist keine rationale Entscheidung. Sie wird durch unsere Prägung und unsere Sympathie – im Bereich des Arbeitgebers durch die Markenidentität und Unternehmenskultur – bestimmt. All das sind Strukturen/Schubladen, die unser Gehirn liebt. Sie erleichtern uns in vielen Situationen das Leben. Es hilft uns abzuwägen, was für uns gut ist und lässt uns Alltags-Situationen, wie die Entscheidung was ich zum Frühstück auf das Brot gebe.

Nicht mit der Masse schwimmen

Auch Arbeitgeber stehen vor großen Entscheidungen. Die Festlegung der Positionierung ist zentral. Am Anfang stehen die Analysen der Stärken und Schwächen des Unternehmens als Arbeitgeber sowie der Vergleich des Wettbewerbs. Dazu tritt die Sammlung der internen

Attraktivitätsfaktoren. Sie legen den Grundstein für die Positionierung und die Entwicklung einer attraktiven Arbeitgebermarke.

Fragen wie „Wie will ich als Unternehmen bei definierten Zielgruppen wahrgenommen werden?" und „Was für ein Arbeitgeber möchte ich sein?" müssen klar beantwortet werden. Auch wenn in der Öffentlichkeit und den Medien oftmals ein anderer Eindruck erweckt wird: Es ist ok, wenn das Unternehmen konservativ auftritt. Die Positionierung muss zum Arbeitgeber und den Zielgruppen – Mitarbeitern und Bewerbern – passen. Dann ist die Entscheidung, sich als hippes und querdenkendes Unternehmen am Markt zu positionieren, sinnvoll. Was jedoch klar sein muss, sind die Konsequenzen für die weitere Kommunikation und für die Beziehungen zu den Mitarbeitern.

Klare Positionierung sorgt für Abgrenzung am Markt!

Doch nur wer sich für eine klare Positionierung entscheidet, entscheidet sich für eine sichere Zukunft am Arbeitsmarkt. Doch um diese Entscheidung zu fällen, ist es wichtig, alle Mitarbeiter einzubinden. Eine klare Positionierung bedeutet, unangenehme Entscheidungen treffen zu müssen.

Innerhalb der Analyse und Strategie stellt der Arbeitgeber eventuell fest, dass einige Mitarbeiter nicht in das Unternehmen und zu den Werten passen. Entlassungsentscheidungen stehen an. Neue Mitarbeiter müssen gefunden werden, die festgelegte Positionierung tragen. All dies ist zeit- und geldintensiv. Die wohl wichtigste Bedingung für das gesamte Vorhaben ist, ob der Vorstand den Willen besitzt, zu seiner Entscheidung zu stehen.

Die Entscheidung für eine bestimmte Arbeitgeberpositionierung muss auf allen Kanälen konsequent und authentisch umgesetzt werden. Innerhalb der Bewerberreise sind die Botschaften zu wiederholen, um effizient die passenden Mitarbeiter für das Unternehmen zu gewinnen.

Die strategische Nachfolgeplanung als Erfolgsfaktor für Unternehmen

Nicolas Scheidtweiler

Der Erfolg eines Unternehmens setzt sich aus vielen kleinen Teilaufgaben zusammen. Das Thema strategische Nachfolgeplanung wird dabei häufig vernachlässigt. Die Auswahl optimal geeigneter Nachfolger ist aber von zentraler Bedeutung für die Zukunft der jeweiligen Organisation: Demzufolge gilt es weit verbreitete Fehler zu vermeiden und professionelle Konzepte für die Nachfolgesuche zu ritualisieren.

Früher war es normal, dass die gesamte berufliche Laufbahn bei einem einzigen Arbeitgeber absolviert wurde. Heute gehören Wechsel des Unternehmens aber längst zum Alltagsgeschäft. Dementsprechend sehen sich Arbeitgeber immer häufiger mit der Nachfolgefrage konfrontiert. Die strategische Nachfolgeplanung ist deshalb als unverzichtbare Basis für den nachhaltigen Unternehmenserfolg zu verstehen. Wer dieser wichtigen Aufgabe hingegen zu wenig Priorität beimisst, schwächt die eigene Marktposition und wird langfristig den Anschluss an die Konkurrenz verlieren.

Der Faktor Zeit

Ein vorausschauendes Vorgehen ist als Grundlage für die professionelle Nachfolgeplanung zu benennen. So sollten Unternehmen nicht erst dann mit der Suche nach Ersatz beginnen, wenn die Vakanz einer Stelle bekannt wird. Im Idealfall hat eine Firma immer geeignete Ersatzkandidaten in der Hinterhand, die bei Bedarf sofort einspringen können. Eine solche Liste wird auch als sogenannte "Nachfolger-Pipeline" bezeichnet und verhindert unüberlegte Personalentscheidungen, die auch die Arbeitgebermarke beeinflussen können.

Beschränkung auf interne Lösungen kontraproduktiv

Die meisten Unternehmen besetzen freiwerdende Führungspositionen mit internem Personal. Als Gründe werden dabei häufig die vereinfachte Einarbeitung und das hohe Vertrauen in die eigene Belegschaft angeführt. Grundsätzlich ist aber ein Mix zwischen internen und externen Lösungen empfehlenswert: So bringen neue Führungspersönlichkeiten von außen oftmals frische Impulse in die Firma und befruchten eingefahrene Arbeitsabläufe.

Zudem erkennen Externe schneller mögliche Schwachstellen sowie Optimierungspotential und verhelfen dem Unternehmen somit zu innovativen Strukturen.

Zielführende Verfahren und Beratungen nutzen

Für die Suche nach einem perfekt passenden Nachfolger stehen Arbeitgebern zahlreiche Konzepte zur Auswahl. Leider nutzen aber nur die wenigsten Unternehmen Management-Audits, individuelle Potenzial- und Kompetenzanalysen oder fachbezogene Software zur Nachfolgeplanung. Speziell im Rahmen eines Management-Audits lassen sich die Stärken und Schwächen einzelner Kandidaten hervorragend gegenüberstellen. Im Zuge der Auswertung erfolgt dann ein Abgleich mit dem konkreten Anforderungsprofil der jeweiligen Stelle in Verbindung zur festgelegten Arbeitgeberpositionierung.

Falls ein Unternehmen bisher nur wenig oder gar keine Erfahrung im Bereich Nachfolgeplanung hat, bietet sich ergänzend die Kooperation mit externen Beratern an. Mittlerweile gibt es eine ganze Reihe von Agenturen, die sich auf das Gebiet Personalberatung spezialisiert haben und Unternehmen kompetent bei der Nachfolgeplanung unterstützen. Dabei steht eine solche Consultingfirma von der Feststellung des Nachfolgebedarfs bis hin zur Durchführung systematischer Auswahlprozesse beratend zur Seite.

Abschließendes Fazit zur strategischen Nachfolgeplanung

Insgesamt gesehen lässt sich resümieren, dass der strategischen Nachfolgeplanung in Unternehmen ein besonders hoher Stellenwert beigemessen werden sollte. Weil unter Zeitdruck meistens schlechte Entscheidungen getroffen werden, gilt es dabei immer auf mögliche Trennungen vorbereitet zu sein. Zudem zählt die Kombination zwischen internen und externen Besetzungen sowie die Inanspruchnahme professioneller Beratungen zu den wichtigsten Erfolgskonzepten der optimalen Nachfolgesuche.

Notwendiger denn je: Vorgesetzte zu Führungskräften entwickeln

Nicolas Scheidtweiler

Vor einiger Zeit kam es am Rande einer Veranstaltung für Verantwortliche im Personalmanagement zu einer angeregten Diskussion. Auf Basis eines Vortrages über Motivation und Persönlichkeitsveränderung von Prof. Dr. Dr. Gerhard Roth sprachen wir über die Anforderungen an Führungskräfte und das Leadership-Branding. Der Neurobiologe Roth hatte in seinem Vortrag betont, dass die intrinsische Motivation der Belegschaft der entscheidende Faktor für den Unternehmenserfolg ist.

Wie sich diese entwickeln lässt und ob der "Leader" das ideal ist, skizziere ich in diesem Artikel.

Mitarbeiterführung und Entwicklung

Die zunehmend besorgniserregende Entwicklung des Arbeitnehmermarktes stellt Unternehmen seit geraumer Zeit vor die Herausforderung, sich als Arbeitgeber eindeutig zu positionieren, attraktiv zu präsentieren und so passende Bewerber zu gewinnen und qualifizierte Mitarbeiter langfristig an sich zu binden und zu motivieren. Ein wichtiger Faktor sind die Vorgesetzten und ihre Art der Führung innerhalb der Organisation.

Ein großer Schritt im Führungsverhalten ist der Weg vom autoritären zum kooperativen und situativen Führungsstil, vom Bestrafungs- zum

Belohnungsprinzip. Arbeitgeber merken verstärkt, dass es neben Managern auch geschulte Führungskräfte als Vorgesetzte braucht, um Mitarbeiter zu lenken und somit den Grundstein für gewinnbringendes Wirtschaften im Unternehmen zu legen.

Die Führungskraft in der Organisation

Führungskräfte sind Macher, die genau wissen was sie wollen und wie sie es bekommen. Im Gegensatz zu Sachbearbeitern halten sie ihr Team zusammen und fungieren als Teil des Geschehens, sorgen für ein gutes Klima, aber auch für konsequente Fokussierung der Ziele und Vorgaben. Sie setzen Anweisungen in der Organisation nach unten um. Sie geben Mitarbeitern Aufgaben und einen Leitfaden. Dabei zeichnen sich Führungskräfte vor allem durch Willensstärke, Überzeugungskraft und Kooperationsbereitschaft aus.

Um Karriere in einem Unternehmen zu machen, ist es notwendig, Vorgesetzter zu werden und Führungsverantwortung zu übernehmen. Dies gelingt aber nicht jedem Fach-Manager gleichermaßen gut. Sie erfüllen ihre Aufgabe als Vorgesetzte recht ordentlich, sind aber noch mit dem Herzen Spezialist.

Die Führungskraft bedient sich oftmals für die Umsetzung der Unternehmensziele bei den Mitarbeitern vor allem der extrinsischen Motivation. Beispiele hierfür sind die instrumentelle Motivation, in Form von Provisionen und Zielprämien oder das äußere Selbstverständnis, welches den Mitarbeiter durch seine Stellung im Unternehmen und den daraus resultierenden Erwartungen motiviert.

Leider verlangt diese Art der Führung eine ständige Kontrolle und Justierung, da die Stellschrauben hierfür bei jedem Mitarbeiter an anderer Stelle liegen und es gilt, diese Punkte immer wieder zu triggern, um die Motivation aufrechtzuerhalten.

Bedarf besteht daher neben Führungskräften auch an Leadern. Diese besitzen zusätzliche Eigenschaften.

Der Leader als Missionar

Nachhaltige, gewinnbringende Motivation eines Menschen kommt nur aus ihm selbst. Arbeitgeber sollten daher nicht nur auf extrinsische Motivation aus Benefits setzen. Mitarbeiter brauchen keinen Vorgesetzten, der qua Amt das Oberhaupt darstellt und bestimmt was andere machen, sondern in Teilen einen Leader.

Dieser Leader ist Visionär und in der Lage, sein Team nicht nur zu führen, sondern zu begeistern. Im Gegensatz zur Führungskraft setzt er auf eine intrinsische Motivation. Der Mitarbeiter gibt nicht alles für das Unternehmen, weil er bei entsprechender Leistung am Monatsende ein paar Euro mehr in der Tasche hat, sondern aus seiner innersten Überzeugung heraus. Weil es ihm Spaß macht und er liebt was er tut. Weil er sich mit dem Unternehmen, seinen Werten und seiner Marke identifiziert und die Arbeit, die er verrichtet seine Begeisterung in ihm weckt.

Leader sind charismatische Menschen, die durch ihr Auftreten, ihre Ausstrahlung und ihre ganz besondere Art mit Menschen umzugehen, ihr Team für dessen Arbeit und die Unternehmensphilosophie begeistern. Sie führen nicht, ihnen wird gefolgt.

Sie motivieren nicht, sie implizieren im Arbeitnehmer eine Passion zur Tätigkeit und sie setzen nicht einfach Unternehmensziele um – sie machen diese zur Mission aller.

Vision, Mission, Werte, Kultur, die DNA eines Unternehmens findet sich dabei im Employer Branding.

Employer Branding zum Leben erwecken

Employer Branding entwickelt sich in vielen Unternehmen rasant, um als Arbeitgeber am immer dünner besiedelten Arbeitsmarkt einen positiven Eindruck zu hinterlassen und um die Gunst der gut ausgebildeten Fachkräfte zu werben. Die Arbeitgeber nutzen für die Mitarbeitergewinnung und -bindung gezielt Marketinginstrumente, um durch eine konkrete Arbeitgebermarke auf sich aufmerksam zu machen und im Gedächtnis zu bleiben.

Viele Arbeitgeber haben durch diese Maßnahmen einen qualifizierten Mitarbeiterstamm aufbauen können und sind als attraktiver Arbeitgeber bekannt. Doch Führung ist Teil der Arbeitgebermarke. Arbeitgeber müssen diese strukturiert planen, denn allein mit der Unterschrift unter dem Arbeitsvertrag ist noch kein Erfolg auf beiden Seiten garantiert.

Um eine kostenintensive Einarbeitung zu amortisieren und langfristig einen Mehrwert für alle zu erzeugen, bedarf es wie in jeder Partnerschaft der Fähigkeit beider, sich in den jeweils anderen hineinzuversetzen, eine gemeinsame Basis zu haben und in die gleiche Richtung zu blicken. Das Gesicht gegenüber dem Mitarbeiter ist aber nicht das abstrakte Unternehmen, sondern der Vorgesetzte. Im obliegt es, die Arbeitgebermarke zu vermitteln.

Leadership-Branding als langfristiges Erfolgskonzept

Leadership-Branding hilft, die in der Arbeitgebermarke entwickelten Werte und die Unternehmenskultur zu den Mitarbeitern zu transportieren. Dadurch entstehen eine höhere Bindung und die intrinsische Motivation entwickelt sich.

Nicht jede Führungskraft muss und kann zum Leader werden, aber in einigen schlummert dieses Potenzial. Leadership-Branding wird durch Trainings, Coachings und klaren Bezug zum Employer Branding gestützt. Führungskräfte müssen ihre Potenziale erkennen, um sich nicht von Arbeit mit und am Menschen abschrecken zu lassen. Ein Arbeitgeber, der die Unternehmensmarke über seine Leader klar kommuniziert, sichert sich beim Mitarbeiter Glaubwürdigkeit und Bindung.

Leadership-Branding ist ein Prozess, der Jahre braucht, um sich zu manifestieren. Ein Weg, den zu gehen es sich jedoch lohnt und mit Sicherheit die Zukunft im Personalmanagement und ein wesentliches Handlungsfeld im Employer Branding-Prozess ist.

Die Bewerberreise: Mehr Kontaktpunkte im Recruiting

Nicolas Scheidtweiler

"Früher war alles einfacher!" Das war der erste Satz in einem Kundengespräch vergangene Woche. Das Team von Employer Branding now saß vier Anwälten einer großen Sozietät in Norddeutschland gegenüber und diese machten aus ihrer Ratlosigkeit keinen Hehl. Die letzten teuer bezahlten Stellenanzeigen für das Recruiting von Mitarbeitern auf unterschiedlichen Ebenen hatten nicht gefruchtet. Der Befund war klar: Es gibt keine Bewerberreise.

Die Kanzlei sucht akut händeringend nach Mitarbeitern auf allen Ebenen und in unterschiedlichen Berufsfeldern. Dazu zählen Rechtsanwälte wie Steuerberater, aber auch Rechtsanwaltsfach- wie Steuerfachangestellte.

Die Bewerbung ist nicht mehr linear

Auf das Verfahren der Mitarbeitersuche und im Recruiting angesprochen, erklärten die Partner der Kanzlei, dass die Anzeige der erfolgreiche Weg gewesen sei. Nach dem Schalten in der Regionalzeitung und juristischen Fachmedien hätten sich die Bewerbungen gestapelt. Das sei aber nicht mehr so. Dadurch sinke auch die Qualität der Bewerbungen.

Dieses eher lineare Verfahren vom Bewerber über die Stellenanzeige zum Vorstellungsgespräch funktioniert in Zeiten der heutigen medialen Möglichkeiten nicht mehr. Potenzielle Bewerber kommunizieren heute anders und erwarten unterschiedliche Möglichkeiten sich zu bewerben. Damit muss sich auch der Arbeitgeber verändern. Er muss sich für neue Wege vom Bewerber zum Vorstellungsgespräch öffnen und dabei um die Ecke denken, eine Bewerberreise ermöglichen.

Mehrere Kontaktpunkte in der Bewerberreise

Das stellte die Anwälte der Kanzlei vor eine Herausforderung: Viele der neuen Möglichkeiten sind unbekannt. Dazu zählen bei den Partnern der Kanzlei auch die von nahezu allen Bewerbern genutzten Plattformen Facebook und Youtube. Zu den weiteren Kontaktpunkten auf der Bewerberreise können Jobmessen, Vorträge an Schulen, Stellenanzeigen, das Hochschulmarketing oder aber auch die Bundesagentur für Arbeit gehören. So kommt der Bewerber wiederholt in Kontakt mit dem potenziellen Arbeitgeber und baut unterbewusst eine Beziehung auf. Beim Schul- oder Studienabschluss oder dem Wunsch eines Arbeitgeberwechsels, denkt er so als erstes an dieses Unternehmen. Mehrere Kontaktpunkte in der Bewerberreise

Wünschenswert für die Bewerberreise ist eine ganzheitliche Strategie, die die einzelnen Kontaktpunkte sinnvoll umfasst. Daraus lassen sich die Schwerpunkte für die unterschiedlichen Bewerberzielgruppen festlegen. Je nach Alter, Karriereziel, Ausbildung, Geschlecht und Region kommen die Kontaktpunkte unterschiedlich zum Tragen.

Zentral ist die Karriere-Website

Im Zentrum der Bewerberreise steht dabei immer die Karriere-Website. Sie ist erste Anlaufstelle, um sich einen Eindruck vom potentiellen Arbeitgeber zu beschaffen. Das Unternehmen hat die Chance, sich authentisch als attraktiven Arbeitgeber zu präsentieren. Inhaltlich gehören die Stellenangebote, Videos, Erfahrungsberichte, Downloads und natürlich die Möglichkeit der Online-Bewerbung dazu.

Ihre Zentralität erhält die Karriere-Website dadurch, dass alle anderen Kontaktpunkte auf sie verweisen. Egal, ob Facebook, Youtube, Broschüren, Messegespräche, Schulbesuche oder Stellenbörsen - sie verweisen auf die Karriere-Website als Schnittstelle zum zukünftigen Mitarbeiter.

Nicht zuletzt ist die Attraktivität der Karriere-Website auch entscheidend für die Conversion. Die Inhalte der Seite sollen eine gewünschte Handlung eines Besuchers, zum Beispiel das Hochladen der Bewerbungsunterlagen, auslösen. So rentieren sich auch erst die Werbeschaltungen für die Seite via Google Ads oder den Facebook Ads.

Mut zu neuen Wegen

Die Anwälte der Sozietät waren zunächst überrascht von den unzähligen Möglichkeiten der Kommunikation mit potenziellen Mitarbeitern, sahen aber dann die Chancen – gerade vor dem hohen Handlungsdruck. Sie wollen durch verschiedene Kontaktpunkte die Bewerberreise zur Kanzlei vereinfachen.

Nicht für jeden Arbeitgeber sind all diese Plattformen unbekannt, aber ihre neue Nutzung in der Kommunikation mit Bewerbern erfordert Mut. Und diesen Mut müssen Unternehmen mitbringen, wenn sie im Wettbewerb am Arbeitsmarkt bestehen wollen.

P.S. zur Bewerberreise

Die Bewerberreise endet nicht mit dem Überschreiten der Schwelle am ersten Arbeitstag. Auch in dieser Phase müssen Führungskräfte den neuen Mitarbeiter einbinden und ihm zeigen, dass er nun Teil des Teams ist. Zudem zeigt eine frühzeitige Einladung zu einem Team-Meeting oder einem Arbeitsessen schon vor dem ersten Arbeitstag die Wertschätzung für den neuen Mitarbeiter.

Fachkräfte bleiben lokal – Recruiting auch

Nicolas Scheidtweiler

Eine aktuelle Erhebung bestätigt, dass Arbeitnehmerinnen und Arbeitnehmer in der Regel nicht wegen eines Jobs die Stadt wechseln, sondern im Umkreis bleiben. Was bedeutet das für die Personalgewinnung?

Das Handelsblatt greift eine Studie von meinestadt.de auf. Das Portal positioniert sich zunehmend als lokale Jobbörse. Daher sind die Ergebnisse der Auftragsstudie mit Vorsicht zu genießen. Trotzdem lohnt sich der Blick, denn Arbeitgeber sollten versuchen, zielgerichtet neue Mitarbeiter zu rekrutieren als unter dem Motto "spray and pray" im Web zu agieren.

Nach Angaben einer Studie[12] pflegen Fachkräfte mit Berufsausbildung eine enge Bindung zu ihrer Heimat und definieren diese als ihre unmittelbare Umgebung. Für 61,2 Prozent beschreibt „Heimat" einen Radius von unter 50 Kilometern um ihren Geburtsort, wo auch Familie und Freunde wohnen.

Wenn die Studie betont, wie wichtig die Nähe des Arbeitsplatzes zum Wohnort ist, müssen Personalmarketing- und Recruiting-Instrumente so lokal wie möglich geplant werden.

---

[12] https://www.handelsblatt.com/unternehmen/beruf-und-buero/the_shift/studie-wieso-fachkraefte-nicht-fuer-den-job-umziehen-wollen/23960756.html?ticket=ST-776145-S3FLbOJZPpYh5locxU2J-ap3 (zuletzt abgerufen am 20.05.2020)

Einfacher Wettbewerbsvergleich

Das Spannende ist dabei auch der Wettbewerbsvergleich. Denn je nach Bewerbergruppe (insbesondere Azubis) können sich diese branchenübergreifend bewerben. Daher lohnt der genaue Blick auf den Arbeitsmarkt im direkten Umfeld des Standortes. Ein Blick auf die Webseiten und die sozialen Medien gelingt schnell und gibt einen ersten Überblick über gute und schlechte Ansätze der lokalen Arbeitgeber. Daraus ergeben sich thematisch-redaktionelle Hinweise für das Personalmarketing und Recruiting.

Wichtiger in dem Kontext der Studie ist jedoch die Frage, wie genau der Arbeitgeber Bewerberinnen und Bewerber lokal ansprechen kann.

Lokale Instrumente für Recruiting

Während es im Personalmarketing um die Steigerung der Wahrnehmung und den Transport eines bestimmten Images geht, sollen im Recruiting konkrete Stellenangebote besetzt werden. Verschiedene Instrumente verfolgen eines der Ziele, andere stellen eine Mischform da. Die Auswahl zeigt eine Basis:

Paid Media

Online-Werbung unterstützt unmittelbar das Recruiting. Und es birgt für viele HR-Manager noch immer die Überraschung, dass sich Anzeigen (Google Ads, Facebook Ads) räumlich sehr gut eingrenzen lassen, z.B. durch Ortsangabe und Umkreis:

Dieses Unwissen verschafft Arbeitgebern, die Facebook oder Google Ads zu diesem Zeitpunkt einsetzen, den Vorteil kostengünstig Anzeigen zu schalten. Wichtig ist die Weiterleitung auf eine attraktive Webseite mit passender Stellenanzeige.

Schulen

Kooperationen mit Schulen sind eine einfache Möglichkeit, früh an potentielle Azubis zu kommen. Diese dienen zum einem dem Personalmarketing, zum anderen dem Recruiting. Arbeitgeber sollten junge Mitarbeiter zu Vorträgen bei Projekttagen senden, Praktika im Werk anbieten oder auch „Jugend forscht" unterstützen. So entwickelt sich eine persönliche Bindung.

Ambient Media

Zu den Ambient Media gehören u.a. Postkarten in Gaststätten, Plakate an Bushaltestellen, Sattelüberzieher, Aufsteller im Kino. Die Idee dahinter: Potenzielle Bewerber nehmen die „Marke" des Arbeitgebers unterschwellig wahr. Wenn der Jobwechsel konkret werden sollte, hat er das werbende Unternehmen im Hinterkopf. Ambient Media stützen das Personalmarketing.

Pressearbeit

Lokale Medien freuen sich über positive Nachrichten aus der Nachbarschaft. Arbeitgeber unterschätzen diesen Kanal für das Personalmarketing. Hier tritt der Multiplikator-Effekt auf: Nicht unbedingt der Bewerber liest einen schönen Bericht, sondern die Eltern und Großeltern. Diese geben ihren positiven Eindruck weiter und „werben" indirekt für das Unternehmen.

Jobmessen

Jobmessen sind ein effizientes lokales Recruiting-Instrument. Arbeitgeber kommen unmittelbar mit einer konzentriert suchenden Bewerbergruppe zusammen. Sollten solche Messe in der Region nicht angeboten werden, lassen sich diese mit Hilfe der IHK, Wirtschaftsförderung oder EU-Projekten (z.B. Jobstarter) selbst entwickeln.

Fazit für das lokale Recruiting

Um Fachkräfte zu gewinnen, müssen Arbeitgeber in der Regel nicht
weit über die eigene Region hinaus kommunizieren. Es ist sinnvoll,
Schwerpunkte in der lokalen Ansprache zu setzen. Verschiedene
Instrumente bieten sich an. Wichtig ist eine klare Positionierung,
eindeutige Tonalität und Bildsprache sowie die saubere handwerkliche
Umsetzung. So verschaffen sich Arbeitgeber eine gute
Ausgangsposition gegenüber dem Wettbewerb.

Anforderungen an einen erfolgreichen Talentpool

Nicolas Scheidtweiler

Der richtige Zeitpunkt ist wichtig, wenn es um die Gewinnung von qualifizierten Bewerberinnen und Bewerbern geht. Idealerweise sollte das Recruiting ein kontinuierlicher und geplanter Prozess sein, bei dem HR-Manager regelmäßig Kandidaten suchen. So stellen diese einen gefüllten Talentpool sicher, der bei Bedarf und kurzfristig passende Kandidatinnen und Kandidaten bietet.

Die Erfahrung zeigt jedoch, dass die meisten Arbeitgeber und Recruiting-Teams einen reaktionären Ansatz für die Einstellung von Mitarbeiterinnen und Mitarbeitern besitzen und wenig proaktiv agieren. Arbeitgeber suchen nur dann – oft verzweifelt – nach Kandidaten, wenn eine dringende Notwendigkeit besteht und sie unter Termindruck stehen.

Allerdings ist das Zeitfenster für die Einstellung eines talentierten Kandidaten so klein, dass die Last-Minute-Eile zu unstrukturierten Stellenausschreibungen führen kann, sich die zu prüfenden Lebensläufe häufen und die Recruiter hoffen, dass der perfekte Kandidat frei ist und den Arbeitgeber von sich aus schnell findet. Die Alternative Headhunter oder Personalvermittler ist oftmals zu teuer.

Wenn Arbeitgeber bis zur letzten Minute warten, um die offenen Positionen in ihrem Unternehmen zu füllen, könnte es zu spät sein. Chaos führt oft zu einer Situation, in der man voreilig die Entscheidungen trifft, Leute zu rekrutieren, die für den Moment ausreichen. Sie besitzen gegebenenfalls nicht die notwendigen Fähigkeiten, um das Wachstum des Unternehmens zu fördern. Ein nie endender Teufelskreis.

Arbeitgeber können sich vor solchen Situationen schützen, indem sie talentierte Kandidaten in Reserve haben, die darauf warten, eingestellt zu werden. Diese potenziellen Kandidaten werden vorab interviewt und geprüft und müssen somit den Screening-Prozess nicht von Grund auf durchlaufen.

Personalabteilungen und insbesondere Personalverantwortliche in kleineren Unternehmen sollten das Recruiting als Teil ihrer täglichen Aktivitäten sehen. Selbst wenn Arbeitgeber glauben, dass sie über die "perfekten" Mitarbeiter verfügen, dauert es möglicherweise nicht lange, bis sich das Szenario ändert. Das Unternehmen könnte neue Projekte gewinnen und wachsen, was zu einem zusätzlichen Personalbedarf führt. Jemand, insbesondere eine Schlüsselqualifikation, kann die Organisation jederzeit unerwartet verlassen. Diese Szenarien rechtfertigen die Notwendigkeit und Investition in einen geplanten Rekrutierungsprozess, der sich nicht mit den zweitbesten Talenten begnügt.

Um einen Talentpool aufzubauen, bedarf es nur weniger Aspekte:

1. Langfristige Bedarfsplanung

Um einen effektiven Talentpool aufzubauen, ist es für HR-Manager wichtig, die aktuellen und zukünftigen Personalanforderungen ihrer Organisation zu kennen. Bevor Arbeitgeber mit dem Aufbau eines Talentpool beginnen, müssen sie die verschiedenen Rollen verstehen, die für den Erfolg der Unternehmensziele äußerst wichtig sind.

Indem Arbeitgeber die zukünftigen Anforderungen ihrer Organisation und die kritischen Rollen, die für das Erreichen der Unternehmensziele entscheidend sind, genau analysieren, setzen sie Prioritäten, wo sie ihre Einstellungsbemühungen konzentrieren können. Es ist sinnvoll, Szenarien zu visualisieren und zu prüfen, was passieren würde, wenn ein entscheidendes Teammitglied die Organisation verlässt. Wenn Arbeitgeber einen passenden Ersatz zur Verfügung haben, zeigt das die aktuelle Talentpoolstärke und umgekehrt.

Zu den KPIs, die den Erfolg ihrer aktuellen Talentpool-Strategie überwachen gehören unter anderem die Fluktuationsratesrate nach Abteilung, Zeit zum Einstellen, Angebot-zu-Akzeptanz-Verhältnis, Stellenanbieter und offene Jobs vs. gefüllte Jobs. Selbst wenn ein Arbeitgeber beispielsweise einen guten Kandidaten findet, muss er, wenn sein Angebot-zu-Annahme-Verhältnis niedrig ist, möglicherweise an dem angebotenen Vergütungspaket oder an seiner Arbeitgebermarke arbeiten.

2. Ansprache durch passende Push- oder Pull-Medien

Der nächste Schritt besteht darin, die richtigen Talente anzuziehen, die durch eine Push- oder Pull-Strategie erfolgreich umgesetzt werden können. Eine Push-Strategie ist, wenn Organisationen versuchen, passive Kandidaten zu gewinnen, die an der Stelle interessiert sind, aber nicht aktiv nach ihrer Organisation suchen. Eine Möglichkeit, passive Kandidaten durch Push-Strategien erfolgreich zu gewinnen, besteht darin, ihre Stellen in sozialen Medien (Facebook Jobs, Facebook Ads, Youtube sind einschlägig) zu veröffentlichen oder Kandidaten aktiv auf Xing oder Linkedin zu finden.

Eine Pull-Strategie ist wirksam, wenn potenzielle Bewerber aktiv nach Jobs suchen. Der beste Weg, um die richtigen Talente durch Pull-Strategie zu gewinnen, ist durch die Förderung ihrer Jobs auf in einer Stellenbörse, der Karriere-Webseite, SEO und SEA etc.

Kern ist die Arbeitgebermarke, damit die Push- und Pull-Strategie funktioniert. Sie gibt Orientierung und legt Kernbotschaften und Visualisierung der unterschiedlichen Kampagnen fest.

3. Mischung von externen und internen Kandidaten

Unabhängig von der Branche, in der Arbeitgeber tätig sind, sollte der Talentpool aus der richtigen Mischung von internen und externen Kandidaten bestehen. Oftmals richten Recruiter den Blick zu sehr nach außen. Aber insbesondere Interne kennen die Kultur des Unternehmens bereits gut. Hier ist eine gute Potenzialanalyse sinnvoll, um bestehende fachliche oder persönliche Lücken für einen Folgejob zu erkennen und zu schließen.

4. Bewertung des Talentpool hinsichtlich des kommenden Bedarfs

Sobald Arbeitgeber den Talentpool aufgebaut haben, besteht der nächste Schritt darin, das Potenzial zur Besetzung kritischer Positionen zu bewerten. Die Bewertung kann anhand qualitativer und quantitativer Anforderungen erfolgen, indem u.a. diese Fragen beantwortet werden:

–   Was sind die besonderen Fähigkeiten und Kenntnisse, die die Kandidaten benötigen, um in naher Zukunft in kritischen Positionen erfolgreich zu sein?

- Mit welchen Herausforderungen können sie in naher Zukunft konfrontiert werden?

- Welche Erfahrungen können ihnen helfen, diese Herausforderungen zu meistern?

- Welches spezifische Wissen müssen sie erwerben, um erfolgreich zu sein?

Arbeitgeber beantworten diese Fragen, indem neben der HR-Abteilung die fachlichen Führungskräfte mit ins Boot holen.

5. Schließen von Qualifikationslücken durch passende Weiterbildungen

Der Prozess zum Aufbau eines Talentpool endet nicht, wenn Arbeitgeber das Talent für zukünftige Einstellungsbedürfnisse evaluieren. Es ist ein fortlaufender Prozess, um in naher Zukunft in entscheidenden Positionen erfolgreich zu sein.

Arbeitgeber sollten ein Programm entwickeln, mit dem sie die Qualifikationslücken identifizieren und ihre Fähigkeiten durch fortlaufendes Training für die weitere Entwicklung korrigieren können. Dies kann mit Hilfe von funktionsübergreifenden Erfahrungen, Jobrotation sowohl national als auch global sowie durch internes und externes Coaching erfolgen.

Arbeitgeber können ein regionales oder globales Programm zur Entwicklung von Führungsqualitäten erstellen oder spezielle Schulungsprogramme für Führungskräfte durchführen.

Extern besteht die Möglichkeit, Weiterbildungen im Unternehmen zu entwickeln, die dann auch einen Beziehungsaspekt besitzen.

Wichtig bleibt dabei, dass alle möglichen Teilnehmer über diese Angebote informiert sind. Das ist einer der besten Wege, um die Arbeitgebermarke zu differenzieren, die zu einem Schlüsselfaktor für die Anwerbung künftiger Talente in Ihrem Unternehmen werden kann.

6. Evaluation durch klare KPI

Ob der Talentpool erfolgreich ist, zeigt sich anhand der festgelegten KPI. Diese sollten nicht nur festgelegt, sondern auch evaluiert werden.

Es ist sinnvoll, die Ergebnisse vierteljährlich, halbjährlich oder jährlich zu überprüfen. Basierend auf den Ergebnissen können Arbeitgeber ihr Modell anpassen, um sicherzustellen, dass der Talentpool weiterhin die geschäftlichen Anforderungen erfüllt.

Fazit Talentpool

Der Aufbau Ihres Talentpools ist ein kontinuierlicher Prozess. Arbeitgeber sollten diesen weiter füllen und entwickeln, selbst wenn sie das Gefühl haben, genug Kandidaten für die Organisation zu haben. Im Fokus stehen die zukünftigen Anforderungen an Mitarbeiter – fachlich, sozial und kulturell.

Stellenanzeigen in Online-Jobbörsen – aber richtig!

Michael Schütz

Stellenanzeigen in Online Jobbörsen sind mittlerweile fester Bestandteil einer Recruiting-Kampagne. Dabei punkten die Online Stellenbörsen, wie Stepstone oder Monster, mit großer Reichweite, vielen buchbaren Paketen und Features, guten Service, Spezialisierungen und dadurch nicht zuletzt sehr guten Erfolgsstatistiken.

Zwar geben die Stellenbörsen selbst gute Tipps, was der Nutzer bei der Erstellung seiner Anzeige beachten sollte, aber am Ende wollen auch die Jobbörsen nur ihre Produkte verkaufen. Dass Ihr Unternehmen einzigartig ist und eine spezielle Ansprache braucht, dass hinter der zu besetzenden Stelle eine Idee und nicht zuletzt eine ausgearbeitete Employer Branding Strategie steht, die ein spezielles Vorgehen erfordert, weiß die jeweilige Jobbörse hingegen nicht.

Es kommt also darauf an, die Anzeige einerseits in Ihre Employer Branding Strategie einzubinden und andererseits sie wiederum auf die Gepflogenheiten der jeweiligen Jobbörsen – mit ihnen Vorgaben und Eigenheiten – abzustimmen und zu optimieren. Im Folgenden möchten wir Ihnen einige Tipps an die Hand geben, damit Ihre Recruiting Kampagne über Online Jobbörsen so erfolgreich wie möglich wird.

1. Mediaplanung und Auswahl der Jobbörse

Bereits im Vorfeld der Anzeigenschaltung sollte die Schaltung der Stellenanzeigen in Ihrer Mediaplanung berücksichtigt werden. Dazu gehört die Häufigkeit und Dauer der Schaltung ebenso, wie das zur Verfügung stehende Budget pro Anzeige oder pro Kampagne. Auf dieser Basis können Sie bei der jeweilig passenden Stellenbörse das richtige Paket herausfiltern und entsprechend buchen.

2. Lektorat und AGG-Prüfung

Wie bei jeder Korrespondenz, so natürlich auch bei den Stellenzeigen, gilt der Grundsatz einer einwandfreien Rechtschreibung. Nur so macht Ihre Anzeige auf den ersten und auch auf den zweiten Blick den besten Eindruck. Lassen Sie den Text Ihrer Anzeige also dringend von einer erfahrenen Lektorin prüfen. Sie wird inhaltliche Unstimmigkeiten entdecken und die Anzeige auch auf die richtigen Formulierungen entsprechend dem Allgemeinen Gleichbehandlungsgesetz hin überprüfen.

3. Gestaltung und Programmierung

Bei manchen Online Stellenbörsen besteht die Möglichkeit, Logos und Grafiken in die Stellenanzeige einzubinden oder aber spezielle Hervorhebungen innerhalb des Textes vorzunehmen. Vorsichtig dosiert, entsprechend Ihres Corporate Design und Ihrer Employer Branding Strategie, sollten Sie diese Möglichkeiten wahrnehmen, um Ihre Anzeige optisch aufzuwerten und Sie damit von Anzeigen des Wettbewerbs positiv abzuheben.

4. Platzierung der Anzeige

Eine Stellenanzeige bei renommierten Online Jobbörsen ist schnell geschaltet. Jedoch ist es für die Anzeige und für den Erfolg Ihrer Kampagne wichtig, dass die Anzeige von Ihrer Zielgruppe auch gefunden wird. Dafür sollten Sie Ihre Stellenanzeige sorgfältig in die vorgegebenen Rubriken der Stellenbörse einordnen und alle Möglichkeiten der Einbindung zusätzlicher Schlagworte nutzen. Beachten Sie dabei auch branchentypische Formulierungen und betrachten Sie das ganze aus der Sicht des Jobsuchenden.

5. Kontrolle von Schaltung und Platzierung

Da Sie viel Geld für die Schaltung Ihrer Anzeige ausgeben, sollten Sie nach der Veröffentlichung unbedingt darauf achten, dass Ihre Anzeige bei der entsprechenden Jobbörse auch in den richtigen Kategorien erscheint und unter den richtigen Schlagworten zu finden ist. Sollte etwas nicht stimmen, sollten Sie Optimierungen an der Anzeige oder der Zuordnung unbedingt noch nachträglich veranlassen, um den maximalen Erfolg Ihrer Anzeige zu gewährleisten.

6. Statistik und Ergebnisanalyse

Nach der Schaltung sollten Sie den Erfolg Ihrer Anzeige ständig überprüfen. Das Monitoring ist hier ein wichtiger Punkt. Sie werden durch die Anzeige in jedem Fall Kontakt zu Bewerbern bekommen. Kontrollieren Sie, ob sich die richtigen Bewerber auf die Anzeige hin melden, oder ob der Text, die Platzierung oder Laufzeit angepasst werden müssen. Warten Sie nicht erst das Endergebnis ab, ob Ihre Anzeige ein Erfolg war oder nicht – Optimieren Sie die Anzeige schon während des Schaltungszeitraums und verbessern Sie dadurch das Ergebnis Ihrer Recruiting Kampagne.

Fazit zu Online-Stellenbörsen

Im Kampf um die Talente sollte jede Maßnahme zur Mitarbeiterbeschaffung durchdacht und im Idealfall eng an Ihr Employer Branding gekoppelt sein. Dazu gehören auch die Stellenanzeigen in Online Jobbörsen. Es gilt, die Trefferquote qualitativ zu steigern, um die passenden Mitarbeiter zu finden. Es kommt hier nicht auf die Masse der Bewerber an. Lernen Sie aus den Ergebnissen, um immer zielorientiertere Recruiting Kampagnen zu starten. Fragen Sie bei späteren Jobinterviews die Bewerber auch nach der Wirkung der Online Anzeige – was sie dazu bewogen hat, sich auf die Anzeige hin zu bewerben. Dadurch erhalten Sie wichtige Informationen direkt von der Zielgruppe und Ihre nächste Kampagne wird umso erfolgreicher.

Cultural Fit: So finden Sie den passenden Mitarbeiter!

Margarete Rexrodt

Man stelle sich die folgende Situation vor: Eine kleine Gestaltungsagentur ist auf der Suche nach einer neuen Projektleitung. Eine besonders vielversprechende Bewerbung schneit ins Haus: Der Bewerber hat einen glatten Einser-Studienabschluss, Durchsetzungsvermögen, ausgeprägte kreative und analytische Fähigkeiten, Organisationstalent und die genau richtige "Anpackmentalität".

Jetzt kommt es aber zu der Frage: Besteht Cultural Fit?

Denn nach der Einstellung des vermeintlichen Traumkandidaten kommt es schnell zur Ernüchterung: Die Kommunikation und Zusammenarbeit mit dem Team funktionieren nicht; der Mitarbeiter setzt vieles eher im Alleingang durch, die allgemeine Stimmung und Leistungsmotivation des Teams leiden stark unter der Situation. Daher bereits nach einigen Monaten das unvermeidliche Ergebnis: Der Mitarbeiter wird entlassen, die Agentur steht nun wieder ohne Projektleiter da und muss erneut auf die Suche gehen.

Äpfel ≠ Birnen

Manchmal passt es einfach nicht. Das kommt nicht nur im Privatleben vor, sondern ebenso im Job. Besonders in kleinen und mittleren Unternehmen (KMU), in denen meist eng als Team zusammengearbeitet wird, ist die richtige kulturelle Passung des Mitarbeiters mit dem Unternehmen essenziell. Werden beispielsweise häufige Absprachen untereinander erwartet und ist es jemand dahingegen gewohnt, seine Ideen unmittelbar umsetzen, ist Missstimmung vorprogrammiert.

Letzten Endes spricht dies weder gegen die im Unternehmen gelebte Kultur noch gegen Werte und Verhalten des Mitarbeiters. Das Unternehmen kann ein sehr attraktiver Arbeitgeber sein, der Mitarbeiter ein echter Leistungsträger.

Es ist in diesem Fall einfach so: Äpfel und Birnen passen nicht zueinander, es fehlt der Cultural Fit.

Cultural Fit als Erklärungsfaktor

Der sogenannte Cultural Fit erfasst genau dies: die Passung (beziehungsweise Nicht-Passung) von Person und Organisation auf kultureller Ebene. Bestandteile dessen sind Werte, Vorstellungen, Ziele, Meinungen und Verhalten beider Seiten. Damit unterscheidet sich der Cultural Fit grundlegend vom Professional Fit, der sich auf die Passung fachlicher Charakteristika von Person und Organisation bezieht.

Wie relevant die Kennzahl Cultural Fit ist, wird bereits im eingangs benutzten Beispiel deutlich: Hier wirkte der Jobkandidat perfekt, da er die exakt erforderlichen fachlichen Skills für den zu besetzenden Posten mitbrachte. Allerdings wurde im Arbeitsalltag schnell deutlich, dass die Zusammenarbeit ob unterschiedlicher Vorstellungen nicht gelang.

Die interne Kommunikation funktionierte nicht, da der neue Mitarbeiter eher als Einzelkämpfer agierte, die Agentur jedoch großen Wert auf Teamarbeit legte. Die Mitarbeiter waren gemeinhin desillusioniert bis frustriert.

Cultural Fit als Erfolgsfaktor!

Ergebnis dieses "Culture Clash" waren Unstimmigkeiten in den Abläufen und in der Teamkommunikation. Zu guter Letzt wurde der gerade erst eingestellte vermeintliche Traumkandidat entlassen; das Unternehmen muss den gesamten Recruitingprozess nun erneut angehen. Dabei verliert es nicht nur kostbare Zeit, sondern natürlich auch finanzielle Ressourcen, die für die Kandidatensuche zur Verfügung gestellt werden müssen.

Der Cultural Fit ist wichtig für die Funktionalität innerhalb eines Teams und eines Unternehmens. Besonders dort, wo eng zusammengearbeitet wird, entscheiden Werte – übersetzt in Kommunikation und Verhalten – über den gemeinsamen Erfolg. Liegt man innerhalb eines Teams sprichwörtlich "auf einer Wellenlänge", erhöhen sich Motivation und Produktivität erheblich.

Außerdem ist die Identifikation des Einzelnen mit der Unternehmenskultur essenziell für dessen eigenes Wohlbefinden und seine Loyalität gegenüber dem Arbeitgeber. Nur unter der Bedingung, dass gemeinsame Wertvorstellungen bestehen, ergibt sich Langfristigkeit in der Zusammenarbeit. So entsteht selbstverständlich auch – im Vergleich zum Zustand hoher Mitarbeiterfluktuation – eine erhebliche Senkung der Recruitingkosten.

Insgesamt ist der Faktor Cultural Fit also grundlegend für Mitarbeitermotivation, -bindung und den wirtschaftlichen Erfolg von Unternehmen.

Wie aber gelingt es, Cultural (Non-)Fit bereits zu Beginn festzustellen und dadurch Zeit, Geld und Aufwand zu sparen?

Per Anleitung zum Traumkandidaten!

Die Lösung des Problems liegt in einer optimierten, auf die Komponente Cultural Fit angepassten Recruiting-Strategie. Der Prozess dorthin lässt sich im Rahmen mehrerer Schritte erfassen. Wichtig ist dabei stets die Reflexion der eigenen Werte, Vorstellungen, Ziele und Meinungen sowie der Ansprüche an das Gegenüber.

Durch sorgfältige Analyse und Übertragung ist das Finden eines Mitarbeiters möglich, der "kulturell" in Team und Organisation passt, somit Kommunikation und Motivation positiv anregt und den langfristigen unternehmerischen Erfolg befördert.

1. Schritt: Analyse der eigenen "Kultur"

Bevor auf Passung oder Nicht-Passung von Kandidaten entschieden werden kann, ist es natürlich unabdingbar, seine eigene Unternehmenskultur zu kennen. Die eigene Positionierung als Arbeitgeber muss eindeutig definiert und gut von anderen zu differenzieren sein. Nur wenn Klarheit über die gelebte Wertekultur besteht, ist es überhaupt möglich zu entscheiden, ob ein potenzieller Mitarbeiter zu dieser passt, also Cultural Fit erfüllt.

Die ersten Fragen müssen daher lauten: "Wer sind wir?", "Wie arbeiten wir?" und "Was muss ein einzelner Mitarbeiter in unser Kulturkonzept einbringen?". Um die eigene Unternehmenskultur klar zu definieren, helfen strategische Employer Branding-Maßnahmen. Interne Workshops mit Führungskräften und Mitarbeitern unterstützen diesen ersten Schritt der Eigenanalyse.

2. Schritt: Negativselektion des Pools

Ist das eigene Kulturkonzept gefunden, kann grundsätzlich auf den Cultural Fit von Kandidaten entschieden werden. Um Zeitdauer und Kosten des Auswahlprozesses zu senken, sollte der nächste Schritt eine auf Negativselektion ausgelegte Überprüfung darstellen. Das Unternehmen benutzt den in der ersten Phase definierten Maßstab und entscheidet auf dieser Basis: „Wer passt auf keinen Fall in unser Kulturkonzept?"

Dieser Schritt kann noch vor der Durchführung eines persönlichen Bewerbungsinterviews in die Vorauswahl eingebaut werden. Während der Lebenslauf eher Auskunft über die fachliche Eignung (und nur begrenzt über den Cultural Fit) gibt, können beispielsweise Referenzschreiben zu diesem Zweck dienlich sein.

3. Schritt: Positivselektion des Einzelnen

Nach der Vorauswahl im zweiten Schritt, werden diejenigen Kandidaten, die diese „Hürde" bestanden haben, zum Bewerbungsgespräch geladen. In der Face-to-face-Situation kann durch konkrete Maßnahmen der Cultural Fit differenziert ermittelt werden. Auf Basis der im ersten Schritt definierten Unternehmenskultur entscheidet der Interviewer stellvertretend für die Organisation: "Passt der Kandidat zu spezifischen Aspekten unserer gelebten Kultur?" und "Bringt er Aspekte mit, die bereichernd wirken können?"

Instrument sollte hierbei ein ausdifferenzierter Fragenkatalog sein, der Cultural Fit in Bezug auf die verschiedenen Bereiche des (sozialen) Arbeitslebens misst. Real beschriebene, fiktive Szenarien sowie Fragen zu allgemeinen Wertvorstellungen stellen den Ausgangspunkt dar und sollen den Befragten dazu bringen, sich mit seiner Antwort möglichst klar zu positionieren. Offene Fragen und solche mit vorgegebenen Antwortmöglichkeiten können dabei variiert werden.

Beispielhafter Fragenkatalog:

Fragen, durch die Cultural Fit im Jobinterview thematisiert wird, können folgendermaßen aussehen:

- Welchen Stellenwert hat Teamarbeit für Sie im Arbeitsalltag? Geben Sie an, wie viel Prozent der Arbeit Sie am liebsten im Team, wie viel in anderer Arbeitsform erledigen würden.

- Welches ist für Sie der wichtigste Motivationsfaktor, Ihrer Arbeit nachzugehen? Beschreiben Sie in absteigender Reihenfolge weitere Faktoren.

- Welche Eigenschaften erwarten Sie von einer Führungskraft? Erörtern sie dies an Beispielen aus bisherigen Tätigkeiten.

- Welche Rolle nehmen Sie innerhalb eines Teams ein? Veranschaulichen Sie dies anhand bisheriger Erfahrungen.

- Setzen Sie eher auf Bewährtes oder bevorzugen Sie eine experimentelle Herangehensweise? Begründen Sie Ihre Präferenz.

- Was ist Ihre beste charakterliche Eigenschaft? Geben Sie dies zum einen aus Ihrer eigenen Perspektive, zum anderen aus der eines ehemaligen Kollegen wieder.

- In welchem Ihrer bisheriger Arbeitsplätze haben Sie am liebsten gearbeitet? Begründen Sie Ihre Wahl.

Nach diesem Schema kann der Fragenkatalog weiter ausgebaut werden. Zusätzlich zum Jobinterview kann auch ein Probetag im Unternehmen eine Möglichkeit zur Identifizierung von Cultural Fit sein.

Fazit: Cultural Fit im Fokus

Cultural Fit – also die kulturelle Passung zwischen Person und Unternehmen – ist essenziell für Motivation und Produktivität von Mitarbeitern. Durch die Optimierung der Recruiting-Strategie kann der passende Kandidat schnell gefunden werden; dazu muss die Kennzahl Cultural Fit Eingang ins Gesamtkonzept erhalten. Im Sinne von strategischem Employer Branding müssen Unternehmen zunächst Ihre eigene Unternehmenskultur klar definieren, um dann in darauf folgenden Schritten die Kandidatenpassung zu prüfen.

Nur bei Berücksichtigung der Wichtigkeit von Cultural Fit kann sich Langfristigkeit in der Zusammenarbeit ergeben. Der Lohn aus diesen Bemühungen: gute Mitarbeiterbindung und unternehmerischer Erfolg.

Ein Ausflug: Logos, Ethos, Pathos für Führungskräfte

Nicolas Scheidtweiler

Pauschale Anforderungen an Führungskräfte zu nennen ist zwar in Mode, insbesondere wenn es um Geschlechterrollen geht, am Ende geht es jedoch um Flexibilität. Nicht immer ist der kooperative Führungsstil in einem Unternehmen passend. Führungskräfte vermitteln zwar im Sinne des Leadership Branding klare kulturelle Werte. Jedoch sind das Leitlinien, die individuell und situativ gefüllt werden.

Denn am Ende identifiziert sich ein Arbeitnehmer nicht mit dem Unternehmen. Sondern mit Personen: Mit Führungskräften und Kollegen. Es geht um Vertrauen und Klarheit in der Sprache. Führungskräften stehen dazu verschiedene Instrumente zur Verfügung.

Ein etwas entfernter Ansatz kommt aus der Rhetorik: Bei Beachtung von Logos, Ethos und Pathos können Aufgaben klar, zielgruppengerecht und motivierend im Sinne des Leadership Branding kommuniziert werden.

Was verbirgt sich dahinter?

Logos: Die Struktur

Unter Logos versteht die Rhetorik den Aufbau und die Argumente einer Rede. In Bezug zur Führungskraft übertragen bedeutet das die Struktur der Aufgabe und ihre Kommunikation: Erhält der Mitarbeiter alle notwendigen Informationen und sind diese vollständig? Ist ihm oder ihr klar, worum es geht? Die Führungskraft sollte daher auch das bekannte SMART bei Zielvorgaben in Hinterkopf haben: Spezifisch, messbar, akzeptiert, realistisch und terminiert.

Ethos: Das Verstehen

Das, was oftmals als Empathie bezeichnet wird, entspricht dem Ethos. Der Vorgesetzte versteht, wie die Mitarbeiter denken und passt sein Verhalten ihren Erwartungen an. Er lebt seine Vorbildfunktion. So entsteht Integrität, die in Vertrauen und dem Sinn für die gemeinschaftliche Aufgabe mündet. Insbesondere das Ethos basiert auf der Identität der Arbeitgebermarke.

Pathos: Der Nachdruck

Hier zeigt die Führungskraft Emotionen. Sie bedient sich einer bildhaften Sprache und unterstützt diese mit Mimik und Gestik. Damit sind keine übertriebenen und eingeübten Gesten gemeint. Vielmehr geht es um Nachdruck in der Sache und die Motivation. Durch Nuancen in der Lautstärke können Schwerpunkte in Gesprächen mit Mitarbeitern und Kollegen gesetzt werden.

Beachtet eine Führungskraft diese Aspekte, kann er oder sie diese im kooperativen, aber auch im autoritären Führungsstil anwenden. Der Vorgesetzte hat die Option, situativ die richtige Ansprache zu wählen und so das Employer Branding zu stützen.

Traumjob über die sozialen Medien finden – Unternehmen gefordert

Michael Schütz

Die sozialen Medien in Verbindung mit einer Karriere-Website sind auf dem besten Weg, den Bewerbungsprozess grundlegend zu verändern. Die kommende Generation der Mitarbeiter ist mit dem Internet groß geworden und hat es zu ihrem natürlichen Lebensraum gemacht. Sie lebt in einer vernetzten Welt – mit all ihren Möglichkeiten der Informationsbeschaffung und -Verbreitung. Das Unternehmen, dass in seiner Employer Branding-Strategie die sozialen Medien vernachlässigt, wird recht schnell den Kampf um die Talente verlieren.

Das Internet hat dafür gesorgt, dass sich Bewerber heute ein viel umfassenderes Bild von den in Frage kommenden Unternehmen machen können. Dazu ist auch das Bewerbungsverfahren viel einfacher und schneller geworden. Während früher die Bewerbung sehr statisch über die klassische Stellenanzeige mit anschließender Bewerbungsmappe auf dem Postweg versendet wurde, ist der Prozess heute sehr viel dynamischer und flexibler. Und zwar auf beiden Seiten: Beim Unternehmen und beim Bewerber.

Karriere-Website ist Zentrum des Recruitings

Grundlage, um in den sozialen Medien erfolgreich zu sein, ist immer ein Heimathafen der Kommunikation. Damit rücken die Karriere-Webseiten der Unternehmen immer mehr in den Fokus im Recruiting. Zu allererst sind hier offene Stellen zu finden. Aber die Möglichkeiten der Jobrecherche sind noch um einiges vielfältiger. Insbesondere die Suchmaschinen stehen im Zentrum der Recherche. Wer das Stellenprofil seines bevorzugten Arbeitsplatzes kennt, wird daraus sehr schnell Suchbegriffe ableiten, nach denen er das Internet durchsuchen kann. Auf dieser Basis kann er sich Google Alerts einrichten und bekommt automatisiert aktuelle Treffer in sein Postfach.

Die entsprechenden Suchbegriffe eingegeben, idealerweise noch mit ausschließenden Keywords versehen, sind die Suchergebnisse in großen Jobportalen oder in den Suchmaschinen selbst schnell ermittelt. Wohl dem Unternehmen, das seine Stellenangebote mit den entsprechenden Keywords ausgestattet hat und somit in den Suchergebnissen auftaucht. Somit ist das Suchmaschinenmarketing, bestehend aus Suchmaschinenoptimierung und Suchmaschinenwerbung, inzwischen fester Bestandteil des Recruitings geworden. Der Fachbegriff lautet Career Site Optimization, kurz CSO.

Hashtags sind Teil der Stellensuche

Eine besondere Rolle spielen dabei die sogenannten Hashtags bei Twitter oder Facebook. Mit dem Smartphone und entsprechenden Apps können diese Hashtags permanent und mobil überwacht werden. So erfolgt zum Beispiel eine Benachrichtigung, wenn ein bestimmtes Schlagwort in einem Beitrag erwähnt wird. RSS-Feeds von Karriereseiten oder eines firmeninternen Blogs können so eine ergiebige Informationsquelle darstellen und lassen sich rund um die Uhr durch die potenziellen Bewerber automatisch beobachten und auswerten – umso vielleicht den Traumjob zu finden.

Damit ist auch wieder das Unternehmen gefordert. Es muss seine Inhalte in den sozialen Netzwerken teilen und mit den Hashtags versehen, die auch eine gewisse Resonanz auslösen. Dieser Artikel erklärt, wie ein Unternehmen vorgehen kann. Im Bereich des Recruitings bieten sich Hashtags wie #Jobangebot, #DeinnaechsterJob oder #Jetzbewerben an.

Erfolgreich in den Social Media

Um erfolgreich in den Social Media aufzutreten, sind verschiedene Anforderungen zu erfüllen. Dazu zählen unter anderem:

- Es geht es um die Bewerber, ihre Bedürfnisse und Wünsche. Sie wollen geschätzt und in die Prozesse um „ihr" Unternehmen eingebunden werden. Engagement in den Social Media bedeutet auch Kontrolle über die Kommunikation abzugeben. Und zunächst Vertrauen in die Bewerber, Fans und Follower, zu haben.

- Es gilt Fragen der Bewerber in den Social Media kompetent und schnell zu beantworten. Unternehmen müssen souverän sein. Sie kennen ihre Berufsfelder und können es auch im Detail erklären. Es muss deutlich werden, dass sie eine besondere Qualität bieten.

- Es geht um den Wiedererkennungswert in Sprache, Design, Bildern. Dazu muss ein Unternehmen diszipliniert vorgehen. Es wurden Investitionen für die Entwicklung des Corporate Design vorgenommen. Daneben gilt es, sich auch als das darzustellen, was man ist.

- Unternehmen sollten nicht nur in den Social Media das "nette" Unternehmen sein. Die Ansprechpartner für Bewerber müssen ebenfalls so kommunikativ zu sein. Ein Unternehmen sollte nur ein Gesicht haben. Die Bewerber dürfen sich nicht fragen, ob sie ein anderes Unternehmen angerufen haben.

Antworten auf der Karriere-Website

Wenn die Aufmerksamkeit des potenziellen Bewerbers einmal gewonnen ist, kann die eigene Karriereseite ihre Stärken ausspielen und den Interessenten ausgiebig über das Unternehmen informieren. Eine Karriereseite sollte umfängliche Informationen bieten und auch emotionale Nähe erzeugen. Ein Besucher der Seite sollte Antworten auf folgende Fragen finden:

- Um welche Nachwuchskräfte bemüht sich das Unternehmen vornehmlich? Welche Charaktereigenschaften sollen Bewerber mitbringen?

- Warum sollte ich bei dem Unternehmen arbeiten?

- Welche Karriere-Wege gibt es?

- Gibt es Berufsfelder für bestimmte Abschlüsse und Qualifikationen?

- Wie sind die Einsatzgebiete dokumentiert?

- Werden neben dem Unternehmen selbst auch Führungspersönlichkeiten portraitiert – lerne ich auf diesem Wege also bereits meine Vorgesetzten kennen?

- Wie sind die Fachbereiche organisiert?

- Wer ist mein Ansprechpartner für eine Bewerbung?

- Wo und wie kann ich meine Unterlagen einreichen?

Social Media anwenden und im Employer Branding nutzen

An diesem Punkt werden sich die Jobsuchenden selbst fragen: Passt das Unternehmen wirklich zu mir? Wenn sich dieses Gefühl dann verfestigt und zu einer (Online-)Bewerbung führt, ist der erste große Schritt zu einem persönlichen Kennenlernen getan. Basis bleibt dabei eine strategische Planung und Umsetzung des Employer Branding via der Social Media.

Positives Denken für Wachstum und Innovation

Andreas Jacobsen

Die Digitalisierung ist eine der größten Herausforderungen für Unternehmen und ihre Mitarbeiter. Wie der Wandel zur Digital Culture 2019 gelingen kann, zeigen die vier folgenden Ideen.

Mit der zunehmenden Digitalisierung werden sich sehr weite Teile der Arbeitswelt verändern. Ganze Berufe werden wegfallen, andere Berufe werden sich stark verändern. Gerade Unternehmen, die heute exzellent dastehen, sind gefährdet, den Anschluss an die Zukunft zu verpassen. Auf diesen Wandel müssen sich Unternehmen und Arbeitnehmer vorbereiten.

Arbeitgeber als Marke. Der Mitarbeiter aber auch.

Im Spannungsfeld zukünftiger Anforderungen beleuchtet dieser Beitrag einen kleinen Ausschnitt, wie sich die verschiedenen Akteure im Sinne eines modernen Employer Brandings positionieren können. Dabei geht es ganz explizit darum, Unternehmen als Arbeitgebermarke zu positionieren, wie umgekehrt die Mitarbeiter aufgefordert sind, für sich eine Mitarbeitermarke zu entwickeln.

Wer der Herde folgt…

„Wer der Herde folgt, sieht nur Ärsche" ist der Titel eines lesenswerten Buches des Schauspielers und Umweltaktivisten Hannes Jaenicke. Dieses Zitat fasst schön zusammen, dass es auch in der zukünftigen Arbeitswelt darum geht, nicht stumpf zu folgen.

Man wird wohl keinen Unternehmer finden, der es gut fände, wenn der Staat die Wirtschaftsplanung für sein Unternehmen übernähme. Warum sollte es dann richtig sein, dass Mitarbeiter sich in Unternehmen sklavisch an Vorgaben zu halten haben? Hier wie dort gilt: es kommt darauf an, geeignete Rahmenbedingungen zu schaffen, innerhalb derer sich wirtschaftlicher Erfolg entwickeln kann. Zukünftig muss es darum gehen, Mitarbeiter zu motivieren, mehr Eigenverantwortung für ihren Bereich zu übernehmen, um schnell und flexibel am Markt zu reagieren.

Bewährtes kritisch hinterfragen

Um geeignete Rahmenbedingungen zu schaffen, tun Unternehmen gut daran, Ihre Struktur und Prozesse kritisch zu hinterfragen. Rückwärtsgewandte Mitarbeiter verstecken sich hinter althergebrachten Prozessen. Allzu häufig finden dann gerade die Mitarbeiter Beachtung, der fleißig auf Probleme und Konflikte im Zusammenhang mit diesen Prozessen hinweist. Zu wenig Lob bekommt dagegen der, der im Tagesgeschäft flexibel nach Lösungen sucht. „Das haben wir noch nie so gemacht" ist ein schlechtes Motto. Moderne und schlanke Unternehmensstrukturen sind deshalb ein wichtiger Baustein auf dem Weg zu einer attraktiven Arbeitgebermarke. Dazu gehört insbesondere auch, gerade Bewährtes kritisch zu hinterfragen.

Nicht gelobt ist wie geschimpft

Hat jemand Erfolg, lästern und intrigieren gerade die, die nichts zu diesem Erfolg beigetragen haben, sondern diesem aktiv entgegengewirkt haben. Attraktive Arbeitgeber lassen so was nicht zu. Deshalb: denken und reden Sie positiv! Das Sprichwort „Nicht geschimpft ist genug gelobt" ist falsch. Vielmehr gilt: nicht gelobt ist wie geschimpft. Lob ist ein einfaches und ausgesprochen kostengünstiges Mittel, um Verhalten im Unternehmen zu ändern. Ein Unternehmen zu leiten, heißt, den Mitarbeitern Anerkennung zukommen zu lassen, die sie verdient haben, weil sie aktiv zum Unternehmenserfolg beigetragen haben.

Erfolg, wirtschaftlicher Erfolg entsteht nicht dadurch, dass man macht, was man immer gemacht hat. Nach Schumpeter ist das Wesen des Unternehmers die Lust an der kreativen Zerstörung. Machen Sie ihr Unternehmen attraktiv, indem Sie neue Wege zum Erfolg positiv hervorheben.

Mitarbeiter als Unternehmer für besondere Aufgaben

Mehr Eigenverantwortung des Mitarbeiters, flache Hierarchien und schlanke Prozesse erfordern eine neue Positionierung jedes einzelnen Mitarbeiters als Unternehmer für besondere Aufgaben. Nämlich genau für die Aufgaben seines Verantwortungsbereichs. Im Sinne gelebten Employer Brandings gewinnen die Unternehmen an Attraktivität, die ihren Mitarbeiter die notwendige Freiheit einräumen, sich zum Wohle des Unternehmens selbst zu entfalten und einzubringen.

Ein Praxisbeispiel: Ein Unternehmen mit einem festen Portfolio an Handelsware kann einen Auftrag nicht bedienen, weil die

Kundenanforderungen nicht mit diesem Portfolio übereinstimmen. Rückwärtsgewandte Unternehmen und Mitarbeiter lehnen sich nun entspannt zurück und bedauern die Umstände. Moderne Unternehmen und lösungsorientierte Mitarbeiter prüfen andere Produkte am Markt, verschaffen sich einen Überblick über Chancen und Risiken. Wenn die Chancen überwiegen, machen Sie den Deal dann mit einem nicht freigegebenen Produkt.

Die eigene Arbeitgebermarke zu schärfen heißt von heute an eben auch, seine Mitarbeiter zu Unternehmern im eigenen Unternehmen zu machen und die Freiräume dafür zu schaffen.

Transgender sind die besten Führungskräfte

Nicolas Scheidtweiler

Die unsägliche Diskussion, ob Frauen oder Männer schlechte oder gute Chefs dreht sich immer weiter. Dieser Nebenkriegsschauplatz des Kampfes der Geschlechter in der Unternehmensführung ist völlig überflüssig. Denn nichts ist für die Mitarbeiter weniger wichtig als ein XY- oder XX- oder Was-auch-immer-Chromosomenpaar. Es geht um Fähigkeiten und Eigenschaften als Führungskraft, die entweder per se vorhanden sind oder sich im Laufe der Zeit entwickeln.

Anlass des heutigen Artikels ist ein Beitrag von Sonja Grave, der bei Kununu erschienen ist[13]. Die Autorin zählt in einer siebenpünktigen Liste (es sind immer sieben Punkte!) fantastische Gründe auf, die sie aus ihrer Filterblase vermutlich als absolut unantastbar wahrnimmt. Genau dort beginnt das Problem. Die von Sonja Grave genannten Argumente spielen eine Rolle für gute Führungskräfte. Aber nicht immer und nicht überall. Denn Menschen, Unternehmen, Aufgaben und Kulturen sind individuell zu betrachten.

---

[13] https://news.kununu.com/7-gruende-warum-frauen-die-besseren-chefs-sind/ (zuletzt abgerufen am 22.05.2020)

Aspekte der Führung

Anforderungen an Vorgesetzte ähneln sich in den Grundlagen. Es gibt fachliche, kulturelle und soziale Bestandteile in der Rolle einer Führungskraft. Diese unterscheiden sich im Detail: Es kommt auf die grundlegende Unternehmenskultur an. Was ist die Identität als Arbeitgeber? Was sind die Eigenschaften, die ein erfolgreiches Unternehmen über Jahrzehnte oder Jahrhunderte auszeichnen, die sogenannte Brand Heritage?

Daraus leiten sich die ersten Anforderungen ab. Ist es das Unternehmen in der Positionierung mit Anzug und Krawatte oder das Unternehmen in Bermuda-Shorts und Flip-Flops (Lesen Sie dazu auch diesen Artikel)? Welche Werte vertritt das Unternehmen? Diese sind neutral zu betrachten und eben nicht nach einer Kreuzberg-idealen Flache-Hierarchien-Open-Door-Bionade-Policy. Es gibt Werte, die besonders in Hierarchien Respekt erfordern. Vielleicht sogar mehr Respekt als in Unternehmen ohne Hierarchie-Vorgaben.

Diese Identität einer Arbeitgebermarke findet ihren kulturellen Niederschlag in der Art der Führung. Nach unserem identitätsbasierten Employer Branding-Konzept prägen diese Eigenschaften aus Sicht der verschiedenen internen Zielgruppen in nachhaltiger Weise den Charakter der Marke. Somit entstehen wechselseitige Erwartungshaltungen gegenüber Vorgesetzten, Kollegen und Mitarbeitern. Die Erfüllung dieser Erwartungen erhöht das Vertrauen. Und Vertrauen ist das höchste Gut von Vorgesetzen.

Autoritäre Führung manchmal notwendig

Zudem spielt der Unternehmens- oder Bereichszweck eine Rolle für die Art der Führung. Während im hochqualifizierten Dienstleistungsbereich eine autoritäre Führung eher zum Scheitern verurteilt wäre, nimmt diese am Band eines Logistikers wie Amazon oder Zalando einen höheren Stellenwert ein. Nicht umsonst sucht der Internet-Gigant seine Führungskräfte unter den Abgängern der Bundeswehr (Lesen Sie auch: Recruiting von ehemaligen Zeitsoldaten). Dafür hat Amazon eine Extra-Stelle im Recruiting geschaffen. Ehemalige Offiziere und Unteroffiziere besitzen die Fähigkeit, Aufgaben stringent zu koordinieren und konsequent umzusetzen. Auch im Handwerk in den Flächenländern ist die Art der Führung eine andere als in einem großstädtischen Hamburger Werbeagentur oder einem hippen Start-up in Berlin. Langwierige Diskussionen oder die ständige Einbeziehung von Mitarbeitern in die Entscheidungen sind wenig effizient und zielführend, wenn das Band läuft oder ein Team auf der Baustelle ist.

Verbunden mit dem Unternehmenszweck ist der Bildungsgrad. Neben sozialen und empathischen Fähigkeiten sind in der Führung trotz aller zunehmender Emotionalisierung der Arbeitswelt durch die Generation Y und Z auch kognitive Fähigkeiten gefordert. Sind diese ausgeprägt und vorhanden ist eine Einbeziehung in Entscheidungsprozesse einfacher, als wenn nicht.

Ein vierter wesentlicher Aspekt der Führung ist die Hierarchie-Stufe. Je höher eine Führungskraft kommt, desto eher ist sie von Mitarbeitern umgeben, die selbst Führungsverantwortung haben. Diese wollen und können ihr Wissen aktiv in die Prozesse einbringen. Hier wächst der Bestandteil der kooperativen Führung.

Die Teams erarbeiten Ziele, Umsetzung und Aufgaben gemeinsam, um das Verständnis für Entscheidungen zu erhöhen.

Führungskräfte stehen im Spannungsfeld

Allein aus diesen vier Kontextbereichen der Führung speist sich die Erkenntnis, dass „gute Führungskräfte" nicht überall gleichermaßen funktionieren. Charakter, Fähigkeiten und Kompetenzen sind bei jedem Individuum unterschiedlich. Pauschale Aussage ohne Betrachtung des einzelnen Arbeitgebers und seiner Mitarbeitergruppen sind falsch. Gelegentlich drängt sich der Eindruck auf, die Theorien und Beiträge zur modernen Arbeitswelt und dem „New Work" kommen aus den Akademiker-Stuben der Journalisten und Wissenschaftler. So ein Beitrag ist der Artikel von Sonja Grave und vieler anderer, zum Beispiel der „HR-Ikone" Thomas Sattelberger. Zwar sagt Grave selbst in ihrem Fazit, dass zu viele Klischees in diese unnötigen Frau-Mann-Führungskraft-Diskussion einfließen. Dabei nutzt sie selbst nur generische Klischees in ihrer Argumentation.

Am Ende ist es egal, ob eine Führungskraft Mann, Frau oder das dritte Geschlecht hat. Es gibt nur gute und schlechte Vorgesetzte, die zur Kultur des Unternehmens passen und seine Werte transportieren. Dabei müssen sie in der Lage sein, adressatengerecht die Ziele und Aufgaben klar und verständlich zu kommunizieren. Im Übrigen gilt das für andere Fragen der Gleichberechtigung: Hautfarbe, Alter, sexuelle Ausrichtung, Weltanschauung, Religion, kultureller Hintergrund spielen nur dann eine Rolle, wenn sie sich unmittelbar in schlechter oder guter Führung bemerkbar machen.

Mehr Wissen und Informationen?

Besuchen Sie den Employer Branding Campus!

Maßgeschneiderte Inhouse-Seminare, unter anderem:

- Arbeitgeberattraktivität zielorientiert steigern – Tipps und Grundlagen

- Mitarbeiter begeistern: Durchblick im Benefit-Dschungel

- Modernes Talentmanagement im Self-Service

- Kostenlose Analyse-Instrumente für Personalmarketing und Recruiting

- Kündigung, Trennung und Outplacement als Teil der Arbeitgebermarke

- Laterale Führung als moderner Attraktivitätsfaktor

- Effektives Recruiting mit Google und Facebook Ads

- Strategie und Organisation im Employer Branding

www.employer-branding-campus.de